泉谷しげる

キャラは自分で作る

どんな時代になっても生きるチカラを

GS
幻冬舎新書
678

キャラは自分で作る／目次

構成　川岸徹

とんでもない時代になってるよなァ。地球温暖化とか、大規模災害とか、超高齢社会とか、問題が山積みなところに、新型コロナウイルスの流行だろ。まだまだ終息の見通しがつかないのに、ヨーロッパではロシアがウクライナと戦争をおっぱじめちゃうしさ。

オレの周りでも困っているアーティストは多いよ。コンサートやライブは以前のようにできないし、音楽ファンもエンターテインメントにかけるお金を削っている。物価が上がって各家庭はたいへんだし、若いヤツらも思うように生きられない。

オレはさ、1948年の生まれで、いわゆる高度経済成長期に学生生活を送ってたから、「生きる」ってことを深くは意識しなかった。時代の流れに乗って、なんとなく過ごしていれば、生き続けることができた。命が当たり前のように継続してたんだ。
それが、今は「生きる」ってことを強く意識しないと、やっていけない時代。仕事を失っても食いものを調達しないとなんないし、金を稼いで家族を食べさせなきゃならないし、災害への備えも考えておかなきゃいけない。今暮らしている場所に、いつまで住んでいられるかなんてわからないだろ。

そのためには、いろんなチカラが必要になってくるんだよな。生き抜くためのアイデアを生み出す知力とか、いざとなれば自分で畑を耕したり魚を捕まえたりできる体力とか、何事にもへこたれねえ精神力とか。

これからの時代、最も大切なのは「生き抜くチカラ」。どこでも生きていける知恵とチカラだ。そのためにも、生き抜くチカラを持ったキャラを作り上げなきゃならないんだよ。

じゃあ、どんなキャラクターがいいのかって言うと、それはただ強いキャラだけがいいっていう話じゃないんだよな。日本史を見てもわかるように、力自慢の勇壮な武将が戦国時代を生き抜いたワケじゃないだろ。体が弱くても、知力に優れた武将が生き抜いた例はいくつでもある。弱者だって、勝者になることができるんだ。

オレなんてさ、本当は臆病で、気が小さい、みみっちい人間なのさ。バカヤローでケンカもするけど、いざ人を殴ってしまうと、すぐに反省してしまう。それが嫌でさ、強くてチョイ悪キャラに憧れたんだ。無礼で口が悪いけど憎めない、孫悟空のようなキャラになりたいなって。

オレは「泉谷しげる」というキャラクターで、70歳を超えるまで生き抜いてきた。不摂生で体に悪いこともたくさんやってきたけど、今でも仕事を続けることができている。このキャラでよかったか悪かったかはわかんねえけど、生き抜くことはできたんだ。

これからの厳しい時代に、生きるってことは、本当に大変なことだ。でもさ、「コロナのせいで仕事がなくなっちゃった」「お金がなくて生活できません」って、いつまでも嘆いていてもしょうがないだろ。オレは自分のキャラクターをさらに磨き上げて、なんとかやっていくのだ。

第1章 孫悟空キャラに憧れて

若いうちは失敗と敗北続き

１９４８年に青森で生まれて、３歳で東京に引っ越した。デビューの時に地方色をアピールしようと、レコード会社が青森出身として売り出したんだけど、青森に住んでいた記憶なんてほとんどないんだよ。まあ、経歴詐称みたいなもん？　だな。

ギターを始めたのは15歳の頃。ザ・ローリング・ストーンズに憧れてさ、友人らとロックバンドを組んだ。プロになりたいなんていう意識はまったくなくて、ただただギターを持って、ステージに立ちたかったんだよ。ただ単純にカッコよさを求めたワケ。ギターをやれば、女の子にモテるかもしれないなと思ってさ。音楽を始めるきっかけって、だいたいそんなものだよ。モテたくて、やる。だから男のミュージシャンは、基本的に女好き。

高校は体育会系のノリが嫌で、１週間で退学した。坊主頭っていう校則も嫌だったしさ。そして、いろんなアルバイトをした。旋盤工《せんばんこう》、ミシンの販売、ビルの清掃。キャバレーのビラ配りをやったこともあったよ。でも、どれも長続きしなかった。

それで、絵を描くのが好きだったから、ガチ漫画家になろうと。漫画雑誌に何回か投稿してさ。でも、結局はモノにならないワケ。で、なんとなく音楽に関わって生きていこうと思ったんだよな。

ミュージシャンを志した動機は不純。でもさ、動機不純で何が悪い？　初めからポリシーだの、コンセプトだの、力が入っちゃうとつまらないだろ。これをやんなきゃいけないっていう思考に縛られちまうから。そんなんじゃなくて、何か始める時はチャラチャラと楽しくやれよだ。

それなのにさ、大人たちは子どもたちが何か始めようとすると、「そんな甘い考えでは、通用するワケがない」と言い出す。まあ、オレもそういうようなことを言っちゃうんだけどさ。でも、いいんだよ、甘い考えで。子どもに対して説教くさくなるヤツよ、「お前、若いうちから、ちゃんとできたのか」と自問してみろだ。

それに、軽い気持ちで始めれば、挫折度が減る。うまくいかなくても、「ああ、これはさすがに甘く考え過ぎていてダメだったな」と本人が思えば、それでいいんだよ。

「今回はちょっと失敗しちゃった」くらいの軽い感じでさ。

いきなり全力で取り組んで、結果が悪かったら、立ち直れない。「これに賭けていたのに、オレはもうダメだ」ってなる。若いうちはさ、失敗と敗北続きが普通だっていうの。

まあ、そんなワケで、オレは軽い気持ちでチャラチャラとロックバンドをやっていたんだけど、18歳の時に自宅が火事で全焼した。友人たちから預かってたエレキギターもアンプも、全部焼けちゃった。それでも、軽い気持ちで始めたバンドだったから、立ち直るのにそんなに時間はかからなかった。時はフォークソングブーム！　フォークならアコースティックギター1本でやれる。とにかく友人たちへの弁償代を作るためにフォークブームに乗ったンだから、たいした動機だワイ。

根拠なき自信は強い

フォークソングを歌い始めた18歳の頃、西暦で言うと1966年頃なんだけど、時代はヒッピーカルチャーの全盛期。サイケデリック・シンドロームとか、フラワーチルドレンというフレーズが流行って。ベトナム戦争に反対して、「愛と平和とフリーセックス」と唱え、時代は〝新しさ〟にあふれていた。

プロテスト（抗議）・フォークの登場でムーヴメントが巻き起こったんだ。政治的なメッセージを込めた歌詞がカッコよくてさ。ボブ・ディランは一躍、フォークの神様になっちゃった。

プロテスト・ソングのブームは日本にも伝わってきて、学生運動をやっている若いヤツらも〝武器〟にしたんだ。

69年に初めての「中津川フォークジャンボリー」が開かれて、その第2回と第3回は、赤い鳥や吉田拓郎が出演してさ、ものすごい盛り上がりだったんだ。客の入りもよくてさ、感動的なフェスティバルだった。でも、71年の第3回中津川フォークジャンボリーは会場が新左翼の学生に占拠されて、政治集会にされちまった。そして、その3回目でこのイベントは終了した。

「歌で世の中を変えられるか」と言う新左翼の学生に、「変えられるわい！」ってフォーク歌手が押し返す。その繰り返しがバカらしく、多くのミュージシャンが新左翼のヤツらと決別したのだ。

しかし、フォークソングブームは終わるどころかますます盛んになっていった。これだけ盛り上がっているんだから、オレもやっていける余地があるんじゃないかって。このフォークのブームに乗っかって、一旗揚げてやろうと思った。

いけるんじゃないかっていう自信もあった。「根拠なき自信」ってヤツだ。コイツは強い。どこまでも行くからな。

オレはイケメンじゃないし、その頃から口も悪いしな。すぐに「バカヤロー」とか

「テメエ、コノヤロー」とか暴言を吐く無礼者で、そんなんだから、女の子のほうから近づいてくるワケねえよな。でもさ、この「泉谷しげる」っていうキャラクターは、フォークの世界で輝けるんじゃないかって勝手に思ったんだよ。

「バカヤロー」キャラは男の兵法

まあ、この顔のせいもあるけど、小学校の頃から女の子にはまったくモテなかった。しかも臆病で、こっぱずかしくて告白なんかできねえから、陰からじーっと見てんだよ。それで、ずっと見てるから、みんなにすぐにバレちゃうんだ。「お前、アイツのこと、好きなんだろう」って。で、その噂が好きな女の子に伝わって、告白もしてねえのにフラれてしまう。恥ずかしがり屋の純情なガキだったんだ。

ただ、そうしたフラれるという経験が、男にとっては重要なんだな。自分が敗者であると知る、ものすごく大きな経験になるんだからよ。

女にフラれて、だんだん自分のことがわかってくる。臆病で、度胸がなく、みみっちい人間で、しかも野獣のような顔をしている。それでも、好きな女の子とは付き合いたいワケだろ。じゃあ、どんなキャラクターになれば、その子と付き合えるのかって頭を使うのだ。自分がなるべきキャラが見え始めるんだな。

オレの学生時代は「滅びの美学」みたいなものがあったんだ。60年代の終わりくらいだったかな、日本へ入ってきたアメリカン・ニューシネマにも「負ける美学」が描かれていた。男ってさ、そういう滅びの美学が大好きなんだ。ちょっとヤセ我慢的な、ね。最後は勝てるワケがない相手に突っ込んでいって、玉砕する。男はバカだから、正面衝突の正攻法がカッコいいと思っているんだ。

　でもさ、オレは嫌だったんだ。正面衝突で玉砕したら、それで終わりじゃねえかって。臆病で、度胸のないオレのような男に勝ち目はないもんな。正面衝突を避けながら、うまく脇から歩み寄っていって、攻め落とす。そんなキャラクターと兵法を身につけたいと思ったんだ。

　で、見えてきたのが「バカヤロー」のキャラ。「お調子もんでケンカに強く、口は悪いんだけど、根はいいヤツ」みたいなのを表現したいと思ってな。それで、ことあるごとに「バカヤロー」「コノヤロー」って言うようになったんだ。相手がオレの言葉に一目置いてくれればそれでいい。相手が「コイツ、口は悪いけど、なんかいいヤツだよな」って都合よく思ってくれりゃ、それでいいじゃねえかって。「バカヤロー」キャラは正面衝突したい気持ちがあるのに、できない男の兵法なんだ。

でも若いうちはうまくいかないことも多かったんだ。使いどころを間違えて、オレも相手も本気でアツくなっちゃって。で、何度も痛い目にあった。本気で殴り合いのケンカになったら、たいてい負けちまったぜ。

自信を持って臆病キャラに徹する

臆病でみみっちい根性ゆえに生まれた「バカヤロー」キャラだけど、日本人なんて、臆病者ばかりだ。だって、ガタイのいいアメリカ人と殴り合っても、たいてい勝てない。そりゃあ、相手の顔色をうかがうようになるよ。いきなり突っ込まねえで、まずは相手の戦力を頭の中で分析するだろ。

日本人は嫉妬心が強い。本当は金を持ってるのに、金持ちじゃねえって言い張る。人から嫉妬されるのが怖いんだ。貧乏人も、金を持ってるヤツがうらやましいのに、口ではバカにする。成り上がり者とか、成金趣味とか呼んでな。

でも、ケチでみみっちいことのどこが悪い？　ケチで臆病なところを全部自慢にして、誇りに思えばいい。

「臆病でみみっちいから、安くてセンスのいいものができるんだ」とか、「心配性だから、マスクをきちんと着けてるんだ」とか、世界に向かって自慢すればいいだろ。

この前、学生の女の子から「私は臆病で、泉谷さんのように強く生きられません。どうしたらいいでしょうか？」と質問されたんだ。言ってやったよ。「お前な、臆病者なら臆病のままでいろ」って。「臆病は正しいんだ」と。

臆病、みみっちい、ビビり。全部、いいことなんだよな。だから、臆病者は自信を持って臆病キャラに徹しろ。生き残ることができれば、それが正しいってことなんだよ。無理して、冒険者を気取って、危険に突っ込んでいく必要なんか、ありゃしねえんだ。

日本って食べ物がうまいだろ。食堂に入って、「こんなの食えねえだろ」ってほど、ひどい料理が出てくることは滅多にない。日本人はセコくて、みみっちいから、食べ物がおいしいんだ。食材をきっちりと育てて、地産地消で食っている。少しでもおいしくしようと、調味料やスパイスを工夫する。細かな努力を惜しまないんだ。

ところが、アメリカやイギリスは冒険主義の国だから、食べ物がまずいんだよな。フロンティアスピリットにこじつけて、食いもののおいしい土地を次々に侵略していった。一からおいしいものを作ろうって気持ちは、少しもないんじゃねえか。おっと、今はだ、アメリカもイギリスもだいぶおいしくなってる……と修正しとく。

とにかく日本人は臆病者であることに、もっと自信？　を持ってもいいのだ。

「寸止め」の流儀

日本人に臆病者が多いのは、インターネットを見ていてもすぐにわかる。ネットの世界に入り込んで、顔を出さない。もちろん、名前も出しやしねえ。あれは臆病で、傷つくのが怖いからだろ。顔出し、実名で勝負できないんだ。

昔だったら考えられなかったけど、最近は顔出しNGで音楽活動やっているアーティストもいる。有名になり過ぎずに、趣味の範疇で音楽をやろうっていうんだ。情けねえように見えるけど、すごい判断でもある。あれはあれで日本人らしいんじゃねえか。

　顔を出さねえから、神秘性が出てきて、ファンもなんかカッコいいように思えてくる。そこの範疇で留めておけば、顔を出さないのもいいことなんじゃねえか。

だけどネット民はその範疇を超えてしまうんだ。人を叩きのめしたり、あおったりしちまう。匿名のハンドルネームを使ってな。

　匿名っていうのは、本来、いい人のものであるんだ。いい行いをこっそりとやって、名前は伏せておこう、だろうよ。人を批判したけりゃ実名を出して堂々とやれってんだ！　あ、いや、それができねーから卑怯者になれるのか。

　最近の匿名野郎は「寸止め」をわかってねえな。ネットを使って、他者を精神的に追い詰める。徹底的に恐怖と苦痛を与え相手が自殺するまで続けるだろ。匿名だから、バレないし、責任をとる必要はないって考えているんだろうな。そういうヤツはどうにか見つけ出して、市中引き回しにしたほうがいいってくらいのバカヤローだ。

でも、そういう匿名野郎って、社会的にはいい人を演じている。まあ、いい人じゃなくても、いたって普通のヤツ。とても暴力なんかふるわなそうな顔をして、うまく凶暴性を隠しているんだから、余計にタチが悪い。

昔は、逆だったんだよ。ものすげえ怖い頑固おやじが近所にたくさんいて、顔を合わせるたびに怒られるんだ。で、なるべく会わないようにするんだけど、野球のボールなんかがソイツの家の庭に入っちゃうワケ。でかい声で怒鳴られるんだけど、結局許してくれる。根はいい人が多かった。

オレらがガキだった時代のケンカ道具と言えば、野球のバット。どの家にもたいていバットはあっただろ。それでバット握りしめて、ケンカしてた。みんなの前で「さあ、やるぞ」って、啖呵《たんか》切ってよ。

自慢じゃないけど、堂々としていたもんよ。隠れてやったたって、誰と誰がケンカしたなんて、すぐに知れ渡るからな。それで、周囲の目があるから、寸止めをわきまえていた。これ以上やったら、さすがにマズいぞっていうのが、自然に身についたんだな。

バットでケンカの時代は終わって、今はネットでのケンカが主流になった。顔を隠してるから、陰惨になりやすい。でも、程度や加減は、身につけなきゃいけねえよ。臆病者も「寸止め」の流儀は持つべきだ。

ひとりの時間に考える

いじめっていうのは、オレらが子どもだった時代にも当然あった。昔は、なんでもいじめのネタにしやがった。

オレは3歳の時から、脚が悪かった。親は当然気づいていたけど、オレは何にも気にしていなかった。小児マヒって病気のせいで、今だったら普通の学校には行けなかったかもしれない。でも、当時はおおらかで、みんなと同じ学校に普通に通っていたんだ。

その小児マヒのせいで、いじめられた。走ったら、みんなよりはるかに遅くて、すぐに気づかれるワケよ。クラスメイトから、「お前、走り方、おかしいんじゃねえのか」って。でも、何にも気にならなくて、「あ、そうかも」って答えてた。

もちろん、オレの脚のことで、ひどいことを言うヤツもいた。でもさ、あの時代は何でもいじめの対象になったんだよ。顔が悪いとか、服のセンスがダサいとか、成績が悪いとか。自分のことだけじゃなくて、家族のこともいじめのネタになった。「お前の親は貧乏だ」って。そんなのオレのせいじゃ、ねえだろ。

昔は今よりもいじめは少なかったなんて、まったくの嘘。

オレは脚のことでいろいろ言われたけど、そのぶん、いじめ返した。当たり前のように復讐したし、ボコボコにしてやった。親もさ、「お前、くやしかったら、仕返ししてこい！」って平気で言ってたんだよ。

オレがガキの頃は、誰もが虚勢を張っている時代だった。だから、いじめられたらいじめ返す。ケンカして仲良くなったり、仲良くならないで終わったり。終始、一対一の関係だったんだ。今のように徒党を組んで誰かひとりをいじめ抜くってことはあまりなかったな。

オレは昔から一匹狼で、子分を引き連れるタイプじゃなかった。番長になりたいなんて思ったことは一度もない。誰かに従うことが嫌いで、ひとりでゴロゴロと寝そべって漫画ばかり読んでた。

そういうさ、ひとりの時間って、重要なんだ。あれこれ、いろいろと考えるだろ。漫画を読んでいても、「オレだったらこういう結末にするよな」とか、「なんでそこで告白しちまわねぇんだよ」とかな。ひとりで黙々と何かに打ち込むオタクって、いいものを作るんだよ。音楽だって、どれだけひとりで練習を積んだかが勝負だからな。

今は簡単に、外の世界とつながれる時代。スマホを通して、絶えず情報が入ってくる。それ自体は悪いことではないが、流れてくる情報に依存しちまって大丈夫か!?と言いたい。

インターネットってものは、依存性が高過ぎるんだ。オレもiPadを買って使ってみたけど、気づいたら10時間も続けて使っていたんだ。ネットは、ドラッグのような中毒性があるなァ……。

Macを開発したのはもともとヒッピーだったアメリカ人だからな。そのジャンキー野郎が、こんなおもしろいモノを創ってしまうのだから、天才は〝ダメと最高〟の紙一重だワイ。

チンギス・ハーンは大したもんだ

尊敬する歴史上の人物は、チンギス・ハーンだ。チンギス・ハーンはモンゴルの少数部族を統一した偉い武将で、すごくいいキャラクターをしているんだ。彼が野望を果たせた理由のひとつを紹介しよう。

チンギス・ハーンは、大部隊を率いた時に、ごく普通のヤツを各部隊の隊長に任命したんだ。屈強な英雄じゃなくて、取り柄のない、ごくごく普通のヤツ。最初のうちは隊員から、「ふざけんな」って文句が出てきた。「もっと強いヤツを隊長にしたほうがいい。あんな隊長の下では働けません」ってな。
チンギス・ハーンはその言葉に怒って、「いいから、アイツにやらせておけ！」って人選を変えなかったんだよ。で、屈強でチカラのあるヤツは隊長になることができずに、ソイツの部下になって、渋々戦ったんだ。

普通のヤツをトップにする戦術は、見事にハマった。チンギス・ハーンの軍勢は連戦連勝で、モンゴルの統一を果たしてしまったんだ。

どうしてチンギス・ハーンが勝ったか。それは、隊長が普通の人間だったからなんだ。普通の人間だから、普通の行動しかできないんだよな。何キロも歩いたら「休もう」と思うし、お腹が減ったら「ご飯を食べよう」と考える。普通のことを当たり前のようにやっただけなんだよ。

逆によ、もし屈強な英雄タイプの人間が隊長になったら、どうなるか想像してみろ。何十キロも歩き続け、メシより戦を優先するだろ。英雄タイプの隊長は欲深いから、手柄を立てて出世したい。無理を承知で、突っ込んでいくワケよ。

そんな隊長の下につくと、部下はまいっちゃうだろ。休憩もとれず、満足にご飯も食べられない。疲弊して、最終的には命を落としてしまう。英雄は体力自慢のバカが多いからな。それを、チンギス・ハーンはわかっていたんだから、大したもんだ。

「バカヤロー」キャラの手本、孫悟空

空想の生き物だが、チンギス・ハーンと同じくらい孫悟空も好きなんだ。ガキの頃から憧れている。ハチャメチャで、とにかく無礼で態度が悪くて、口は悪いけど憎めません、みたいな。まあ、言ってみれば、オレの「バカヤロー」キャラの手本。とにかく孫悟空のようになりたいと思って生きてきたんだ。

でも、実際のオレは正反対で、弱さのオンパレードなんだから、自分が嫌でしょうがなかった。船酔い、車酔い、神経質、赤面症。そういうの、全部やっているんだな。中学の頃は、もう本当にたいへんだった。なにしろ、デパートの屋上にある車の乗り

物で酔っちゃうんだから。バスも電車も、ジェットコースターも全部ダメ。

それと注射も苦手で、今でも大っ嫌い。病院に行くたび、看護師さんに「フフフ」と笑われる。あのチクッとくる痛み、何度やっても慣れない。本当に痛いんだ。

でも、そんな弱虫では孫悟空のようには生きていけない。そう、本気で思ったんだ。特に音楽で生きていくなら、肉体的にも強くないとやっていけない。ミュージシャンには不良っぽさとワイルドな強さが必要だろ。弱っちい男が熱いメッセージを叫んでも、誰も聴いてくれないからな。

それによ、不良のエネルギーっていうのは、色気なんだ。その色気に女が惹かれて、ついてくるんだからさ。まずは肉体をなんとかしねえとダメだと思ったんだよ。

なんとかするには、特訓しかねえ。時間があれば、海へ出かけた。ボートの先っちょに乗って、ザップンザップンと波に揺られるんだ。船酔いしてゲーゲー吐いて、ちょっと休んで、またボートに乗る。

電車に乗ったら連結部に立って、必死に踏ん張った。それで足腰を鍛えたんだよ。

車でも窓を開けて、なんとか吐き気をこらえるように頑張ったんだ。

そして、まあ、完全とは言えないまでも、平均的な人と同じくらいには、大丈夫になった。今じゃあ、家族の中でジェットコースターに乗れるのはオレだけだからな。

オレが言いたいのは、ただボヤッと体を鍛えるだけじゃ、何も成し遂げられねえってことだ。人は、はっきりした目標があるから頑張れるんだ。その目標っていうのが、オレにとっては空想の人物（猿）ではあるが孫悟空だったんだ。

日本のサラリーマンは偉い

最近、日本のサラリーマンは偉いなってつくづく思うんだ。毎日毎日、サラリーマンはよく鍛えてるよ。朝早く起きて、満員電車に揺られて、駅の長い階段をのぼってだろ。1日トータルすれば、すごい運動量になるだろ。感心しちまうよ、毎日同じ時間に、同じ場所に行くっていう生活、飽きっぽいオレには到底無理だからな。

仕事に嫌々行くって人も多いだろうけど、日常生活の中であんな鍛え方はそう簡単にできるものじゃねえ。行きたくないのに行くっていうところで、相当、精神的にも鍛えられているんじゃねえのか。

だから、サラリーマンは、もっと胸を張っていい。「オレは毎日こんなに鍛えてるんだ。すごいだろ」ってな。

それだけ会社勤めには、肉体的にも、精神的にも厳しいものがあるのに、サラリーマンの給料は安過ぎる。日本は格差社会が行き過ぎて、一部の金持ちだけに金が集まるようになっちまってる。ホントの話、日本のサラリーマンは自分の労働価値というものを、低く見積もらないほうがいいと思うんだ。

何が悪いって、日本のサラリーマンはマジメ過ぎて、無理してでもやっちまうんだよな。

アメリカだったら、そんなの通用しねえぞ。アメリカのヤツらは「決められた時間しか働かねえ」って平気で言うし、「時間外の部分は別料金だろ」と主張する。日本は戦後ずっと「文句を言わず、徹夜してでも頑張るのが尊い」っていう風潮があった。

もう変わらねえとな。つまりは「間に合わせてしまう」その能力にもっと愛の手をだ。サラリーマンが、「自分の価値はもっと高いんだ」と胸張っていける世の中になれ！だ。

「悟れ」ではなく「悟るな」

サラリーマンもそうだけど、日本人はどいつもこいつもマジメで正直過ぎる。だから、バカを見るんだ。大部分のヤツらは言いたいことも言えずに我慢して、その場をやり過ごすことで精一杯だろ。権力者に対して、腹ん中で「この野郎、ひでえな」って文句垂れてるクセにな。

日本人は、口に出さずに胸の内にしまっておくのを「大人になる」と勘違いしている。腹の中は煮えくり返っているのに、表面上は穏やかな顔をしてよ。それで、「人生とはそういうものだ」と、悟ったようなこと言ってやがる。そんなの美徳でもなんでもないからな。

お坊さんがよく「人間は生かされている存在です。だから、悟りなさい」というようなことを言ってやがる。バカ言ってんじゃねえ。人間は生かされているんじゃなくて、主体的に生きているんだろ。「悟りを開いて」なんて冗談じゃない。悟るっていうことは、「それ、諦めろ」と言っているようなもんだ。そんな教えに納得してていいのか。権力者の言うことに忠実に、真正直に生きたら、たいへんだよ。もう明日にでも、死んじまうからな。人間っていうのは、「正直に生きる」ではなく、「こずるく生きる」が正解。オレは「悟れ」ではなく、「悟るな」と言いたいな。

正直者がバカを見るっていうけど、ちょっとのバカで済めばいいけど、命を失ってまで正直を貫くことはない。これからの時代は、日本人は図々しく生きろ。もっとずるく、もっとずるくだ。悟りなんて絶対に開くな。

オレの悟りは、「悟るな」だ。

仕事も勉強も、嫌々やればいい

若い頃は、たいていのヤツが受験勉強をするよな。いい学校に進学するためによ。でも、遊びたい盛りの年代で、「勉強、勉強」って誰がやりたい？ 勉強をやめて、遊びたいのが本音だろ。そういう欲求を抑えて、なんとか我慢してやっているワケだ。オレは、嫌々やるっていうのが、健全でいいと思うんだ。いい大学行って、いい会社に就職して、お金をたくさん稼いで、出世する。未来へのモチベーションを持って、人の何十倍も努力してる者だけが金も権力も手に入れられるのだ。

そこまで努力したくないヤツは受験勉強も、仕事も、嫌々やるんでいい。金を稼ぐとか、いい女と遊びたいとか、そのための手段として考えろよ。もちろん「仕事が好きで、生きがいだ」って口にするヤツもいるけど、やってる仕事すべてが好きか？ オレだって、ミュージシャンっていう好きな道を選んだけど、「これはやりたくねえ」って嫌な仕事、数え出したらキリがない。「しょうがねえな、バカヤロー」って言いながら、目的のために渋々やって、生きてんだ。

結論！ 嫌々やってもできるってことはだ、本当の〝能力〟を持ってるってことだろ。

こずるく図々しく生きて構わない

オレは、生粋の悪に憧れたけど、悪にはなり切れなかった。まあ、ひと言で言えば、性格の弱さだよ。人を殴ったら、心に引っかかって眠れない。ホントに臆病で、度胸がない。悪を貫き通すことができないんだよな。

結果として、「泉谷しげる」は無礼で態度が悪く、バカヤローばっかり言ってるが、節度のある乱暴者というキャラクターに落ち着いた。

そのキャラクターがよかったのか悪かったのか知らねえけど、この厳しいエンタメの世界で今も生き残り続けている。デビューからもう50年以上経つんだから、「泉谷しげる」というキャラクターが、オレの生きるチカラになったのは確かだと感じてる。

今という時代は、ホントに大変なことになっちまってる。仕事は失うわ、気候変動はすごいわ、コロナも収まんねえし。ひと昔前までは、生きるってことは当たり前の権利みたいなものだったけど、今は命を意識しない限りやっていけない。「生き残る」ってことを考えないとダメなんだからめんどくせー時代だ。

だから、この時代に何がいちばん重要かって言うと、「生きるチカラ」と言えるな。正直に生きずに、こずるく図々しく生きて構わない。どんな生き方をしても、命を続けていくことができれば、それだけでいい。「どこにいても生き残れるチカラ」っていうのを、オレもテーマにしてるんだ。

最近、「ずっと東京に住んでいたんだけど、移住して田舎暮らしを始めたい」っていうヤツが増えているだろ。オレの周りにもいっぱいいるよ。生活費が安いし、エコだし。昔は東京に憧れるヤツばっかりだったけど、今は東京を離れたいヤツが多くなってるとは。

でも、田舎へ行けば、それはそれで大変だ。都市での生活に慣れていると不便で住みづれえし、不便を長く続けられる教育受けてねえしな。どっちもなにかと大変なのだ。

これから先は、地球温暖化の影響で、人間が住めない地域っていうのが出てくるだろう。日本にいたって、住みたい場所に住めないってことも十分にあり得るんだよ。そうなりゃ、故郷だって捨てなきゃならないかもしれねえ。その時に住むことになった場所で、必死に生きていきたいよな。

オレも、お前も、どこで生きようと「生きるチカラ」を作ろうゾ。

プーチンはキャラクターではない

確かによ、地球温暖化とか、コロナの流行で、生きにくい時代になったよ。でも、そのおかげで見えてきたものも多いんじゃねえのか。健康を大切にして、体を鍛えて、自分だけじゃなく地球のことも考えなければならない。コロナで、エコロジーへの意識が高まったというヤツ、たくさんいるだろ。

これからの世界は、ＳＤＧｓだよ。気候変動とか、貧困とか、ジェンダーの不平等とか、世界の問題を解決していくための「持続可能な開発目標」っていうヤツ。オレもさ、ＳＤＧｓという言葉を知ったのは数か月前くらいだからエラソーには言えないがな。

そんなＳＤＧｓだの、エコロジーだの、サステナブルだの言っている時代に、ロシアが戦争を始めやがった。プーチン、てめえ、バカヤローだろ。戦争なんてやっている時代じゃねえだろ。お前さ、考え方が古過ぎるんだよ。

人間っていう生き物は、悲しいことに、本能的に戦争が好きなんだ。戦いたくて、戦いたくて、うずうずしている。日本人も同じだろ。戦国武将の話、大好きだもんな。武士が戦で勝って、勢力を強めて、また戦いに勝って、さらに強くなってよ。それで弱いヤツらを支配して、政権を握り続けたワケだ。

でも、世界が便利で平和になっていくうちに、社会が戦争行為を許さなくなった。国同士の勝負がしたいなら、オリンピックとか、サッカーのワールドカップとか、そういう舞台で戦えと。でも、それだけじゃ満足できねえヤツがプーチンなんだ。

あのプーチンという男は、キャラクターで演じているんじゃねえ。オレの見た限り、生粋の軍人タイプだな。戦いが好きで好きでたまらないってヤツなんだ。

口では共産主義の復活？　らしいこと言っているけど、プーチンがやっていることは共産主義なんかじゃねえ。ただ自分が歴史的な人物になりたいだけなんだよ。

その生粋の軍人を、世界のヤツらは呑気に構えて見ているだけだった。さすがのプーチンも、一国のトップなんだから、ここまではやらねえだろうなと。欧米や日本のヤツらは便利で快適な生活に慣れちまっているから、プーチンがウクライナに侵攻するなんざ考えたくなかったのだな。

で、始まった戦争を止めることもできやしねえ。先進国の人々は便利な生活に依存しちゃっているから、戦争という前時代的なものに対応できないんだよな。

平和ボケのどこが悪い

若い頃から悪《ワル》に憧れてきたオレが言うのもなんだけど、今は心から平和を願っている。そういうことを人に話すと、歳を取って「お前も丸くなったな」って言われる。

でも、それの何がいけないんだ。丸くなった、ちょっと気恥ずかしいけど、結構なことじゃねえか。

右寄りの識者がテレビでぬかしてたナ。「日本がダメになったのは、お前らのせいだ。お前ら国民が平和ボケしているから、こんなふうになったんだ」って。オレは、むしろ平和ボケを望んでいるんだけどな。平和ボケの何がいけないのか、国民全員で平和ボケになれば、いいんじゃねえのか。

だって、オレは何があっても戦争なんてしたくない。「ロシアとウクライナが戦争状態になっている。中国と台湾も何か起きそうな気配だ。そんな時勢なのに、日本人は危機感が足りない」って言うヤツらがいる。でもよ、日本人はそういう民族なんだってアピールすればいいだけだろ。「戦争したくないんで、平和ボケしています」と、胸を張りゃいいじゃねえか。

それで、世界の人々が「今の日本ではどうして戦争が起こらないのか」って不思議がってくれればいい。で、日本に教えを請うんだ。

日本で戦争が起きない理由は、かつての第二次世界大戦でこっぴどく負けたからだと思うが、オレは「日本が八百万の神の国だからだ」とも思っている。日本にはいっぱい神様がいるだろ。でかい神社だけじゃなく、地域の氏神とか、道祖神とか。山とか川とか森とか、自然のあらゆるところにも神は宿っているんだよ。

その信仰の尊さを、世界のヤツらに知ってもらう。キリスト教も、イスラム教も関係なく、世界のありとあらゆるところに神は宿っているって。それを昔から日本人は知っているから、日本はもう戦争はこりごりなんだ。

日本の八百万の神の精神、輸出したら世界も平和になるんじゃねえか。

「一神教」って、難しいよ。持論の押し付け合いになっちまうからな。正解なんかないのに、お互いアツくなる。結局、アツくなり過ぎて、宗教戦争っていうのが始まっちまうんだ。

平和に生きるためには、お互いを認め合うしかねえだろ。納得できなくても、相手のことが嫌いでも、認め合う。それで、なんとかつながっていくしかないんだよ。

おっと、悟ってはいけないいけない。

戦争なんて、絶対にしたくない

オレには嫌いなヤツがいっぱいいる。殴りたくなるヤツもいっぱいいる。それに、生理的に受け付けないっていうヤツもいっぱいいる。「万人を愛せ、差別するな」って言われても、それはムズカシイわい。

差別をなくそうっていう意識は大事だし、オレも努力はしている。でもよ、人間の頭から完全に差別意識を取り除くことは不可能なんじゃねえか。警戒を怠ったら、やられちゃう場合もあるからよ。そういうことをしそうなヤツを、自分と同類だとは考えない。アイツには近寄らないようにしておこうって。それが、差別といえば差別だよな。

それでも、社会っていうのは、嫌いなヤツともつながらなきゃならない。ミュージシャンをやっていると、自分も嫌なヤツになってるしで、売れるってことは嫌なヤツになるってことかも。誰かが言ってたな、「嫌なヤツじゃないと売れない」と。

結局のところ、損得勘定だよ。利用価値があるという形で納得し、つながっておく。敵もまた取り込む徳川家康的な感覚が大切なんじゃねえか。

でも、若いうちは、わかっていても制御がきかねえ。我慢ならなくて人を殴ったこともあったし、殴られたこともあった。で、結果的に、権力のあるヤツには敵わない。負けっぱなしよ。だから、オレは自分自身のことも含めて、敗者の世界を歌い続けている。オレが組んだバンドに「ＬＯＳＥＲ」って名付けたのも、そんなところから来ているんだ。

オレは敗者でも構わない。嫌いなヤツを殴り始めたらキリがないからな。利用価値ってところでお互いの存在を認め合い、殴ることをやめる。そうすれば、戦争だけは避けられる。

平和がいいよ。国同士の戦争なんて、絶対にしたくないんだ。

第2章 野獣キャラの時代

敗者のための歌を歌う

女にモテたいっていう不純な動機でチャラチャラと始めた音楽。でもよ、少しずつうまくなってきて、「オレ、プロでもやっていけるんじゃないか」って思うようになったワケ。アマチュア止まりで終わらせるか、プロの道へ進むか、真剣に悩んだ。で、結局、プロになることを選んだんだ。

23歳の時に、オレはエレックレコードから『泉谷しげる登場』ってライブアルバムでデビューした。そのすぐ後、吉田拓郎がエレックレコードからＣＢＳソニーに移籍した。オレはレコード会社の都合で、拓郎の後釜として売り出されたんだ。

次の年にはセカンドアルバム『春夏秋冬』が出て、コイツが爆発的に売れた。その3年後、小室等、吉田拓郎、井上陽水とともに、フォーク四天王って呼ばれるようになった。音楽で食っていく目途がついたんだ。

でも、いざプロになってしまうと、もう遊びでは済まされねえんだよなァ。レコード売って、金を稼がなきゃいけねえからな。女にモテたいと始めた音楽だったのに、女は「邪魔だ」になった。女と遊ぶ気持ちの余裕がなく、デートなんか全然しなくなったな。

プロとして音楽をやるっていうのはビジネスってことだから、戦略も必要になってくる。ひとりでも多くの客にファンタジーを見せなきゃいけねえからな。素の自分ではいられないワケよ。戦略的にキャラクターを作り上げるんだ。

ロックやフォークのキャラクターっていうのは、不良性が重要だろ。今は草食系もありかもしれねえけど、あの時代のミュージシャンは態度がデカくて、素行が悪そうなのがウケてた。マイホームパパがロックをやったって、売れねえだろ。家族をかえりみず、女遊びをしているようなキャラクターのほうがウケがいいんだ。

オレには「バカヤロー」「コノヤロー」っていう野獣キャラクターがあったから助かった。新たにキャラを作る必要がなかったからな。

で、そのキャラクターで、何を歌ったらいいのかって考えたんだ。あの頃はベトナム戦争とか、学生運動とかの影響で、日本中に政治的なメッセージを込めた曲があふれていた。でも、ほかのヤツが散々やっちゃっているものを歌ったって、売れっこねえ。オレ自身にしたって、人と同じことをやってもつまんないだろ。それで、政治とか戦争とかそんなデカいものじゃなくて、個人に対するメッセージソングを歌おうって決めたんだな。

でも、個人に向けたメッセージソングって言ったって、女向けの歌は山ほどある。きれいな声で歌っているヤツら、みんな女心を歌っているじゃねえか。

吉田拓郎が女性からキャーキャー言われるようになったのにはオドロいた。そもそも拓郎って、アイドルになりたかったヤツなのだ。個人的なメッセージが強いように見えるけど、本質は「キャー、かわいい」って言われたかったのさ。

じゃあ、オレはどうしようかと考えた。女の歌じゃないんだったら、残るは男向けの歌しかねえだろ。オレだって女は大好きだから、半分ヤセ我慢だよ。とにかく、男の味方をするような歌をやろうと思ったんだ。

それも、イケメン向けのさわやかソングじゃなくて、汗臭い野郎の歌。人生が思うように進まない、敗者のための歌だ。

つまり、男のクセに女言葉で歌詞を作るヤツに我慢ならなかったってことだ。戦略でもなんでもないワイ。

アインシュタインにはなれなかった

オレの持論では、歌っていうのは具体的でわかりやすくないとダメだ。大人でも子どもでも、誰でも理解できるようなものじゃないと。

難しいヘリクツをこねているヤツらは、自信がないんだよ。ヘリクツこねて、煙《けむ》に巻こうとする。自分の未熟さを知られるのが怖いだけよ。いわゆる知的コンプレックスの一種みたいなもんだ。

素晴らしい芸術家とか科学者とか、天才といわれているヤツらは、すごく簡単に、わかりやすく道を示すだろ。難しい言葉ばかり使いたがるバカな政治家とは違ってな。

アインシュタインって知ってるだろ。「相対性理論」を唱えたヤツ。でも、相対性理論って言ったって、何が相対的なんだか、さっぱりわからない。「時間は生きている」って言われたって、「なんなんだ、この野郎は」っていうのが正直なところだろ。

そうした疑問に、アインシュタインはちゃんと答えてるんだ。子どもが、「アインシュタイン博士、相対性理論で時間が生きているって何ですか」って聞いたんだって。そしたら、「君がね、ある勉強をしていて、退屈な授業を受けている時は、眠たくて時間が長く感じるだろう。でも、すごく楽しい遊びをしていると、時間はすぐに過ぎていくでしょう。だから、時間は生きているんだよ」と。子どもは納得して、「わかりました」って。アインシュタインって、すごいヤツだって思うだろ。

オレも、お客さんに伝わる曲を作ろうと思って、ずっとやってきた。でも、難しいんだ。客がわかりやすいと感じて、自分も納得がいくものってなかなかできないんだよ。曲づくりってさ、「こんなもんでいいか」とか「もっといいものを作れんじゃないか」とか、試行錯誤の繰り返し。それで、苦労して苦労して曲ができた直後は「これは最高傑作だ」って思うんだな。

でもソイツが、客にとっていい曲とは限らねえんだ。若い頃は他人の意見なんて素直に聞けねえから、「バカヤロー、この曲の良さがわかんねえのか。お前がバカなんだよ」って突っぱねてた。子どもの質問にちゃんと答えるアインシュタイン博士とは大違いだろ。

アインシュタインにはなれなかった。だから、オレの歌は駄作が多いんだ。ケンソンだゾ。

『春夏秋冬』を歌い続ける

オレの歌は駄作も多いけど、でも、いい曲もあるだろ。『春夏秋冬』は名曲だと自分では言いにくいがさ。今も若い客が「聴きたい」って言ってくれるし、コンサートで一緒になって歌ってくれる。『ＮＨＫ紅白歌合戦』に初めて出た時も、『春夏秋冬』を歌ったんだ。

『春夏秋冬』は一生歌い続けていく曲。でも、若いうちはその意味がわかんなくてよ。『春夏秋冬』は1972年に作った。もう半世紀前の曲なんだな。で、50年も歌っていると、どうしても飽きがきちまう。だから、「昔の歌はやらない」とか、「新しい曲を聴いてほしい」っていうアーティストの気持ちはよくわかる。「昔の歌はもう歌わない」と、一時期、『春夏秋冬』を封印していた時期があったんだ。

でも、みんなが気に入った曲っていうのは、もう自分だけの曲じゃないんだ。みんなのものにもなっているんだな。『春夏秋冬』は福山雅治もカバーしてくれたし、オレの世界を超えているんだ。

客は『春夏秋冬』目当てに、コンサートに来てくれる。だから、どんなことがあっても歌わなければならない。オレだって、好きなアーティストのコンサートに行ったら、「あの曲をやってくれ」って思う。やってくれないと、心の落としどころがなくなるんだ。

だから、『春夏秋冬』を歌わなかったライブは、今となっては後悔しかない。「なんてことしちゃったんだ」って。『春夏秋冬』は、たとえ自分が歌う気分じゃなくても、客に歌わされるものでいいから、歌い続けていかないとダメなんだと。

オレは『春夏秋冬』をたまたま作っただけ。それをわざわざチケット代を払って、聴きに来てくれる。本当に幸せなことだな。

自分の歌は自分で守る

駄作っていうのは、作りたくて作ってるんじゃねえ。でも、どうしても生まれてしまう。何年か経って聴いて「これは許せない」っていうの、たくさんあるけど、それは仕方がない。その時は、いいと思って作っているんだから。

歌詞は真夜中のラブレターみたいなもの。その時は気持ちが昂《たかぶ》ってて、ダメさに気づかない。でも、たいてい後で読み返すとロクなもんじゃねえんだよ。曲づくりも、ナニかと大変なんだゾ。

ミュージシャンにできるのは、音楽の精度を上げていくことだけ。ライブを見に来てくれる客は、先払いでチケットを手に入れているワケだから、そのぶんを歌で返してあげないと。期待以上の精度の高い音楽を聴かせてやんねえとな。

ミュージシャンや音楽関係者は、歌い飽きてるし、聴き飽きているから、だんだん惰性になっていく。「またこの曲やんのかよ、もう、飽きた」ってな。だから、新鮮な気持ちを味わいたくて、アレンジを変えたがる。「この曲、ボサノバ風にアレンジしてみませんか」とか、「レゲエ風、いいんじゃないですかね」とか。でも、余計なことするんじゃねえよ。

オリジナルは、オリジナルのままがいい。変えちゃダメだ。特にメロディーラインだけはいじるな。アレンジでよくなるなんてこと、滅多にねえんだから。自分の歌は、自分で責任を持って、守んなきゃならないんだよ。

最近のミュージシャンは、「自分の責任」っていう意識が低過ぎるよな。売れなきゃ他人や事務所のせいにしてよ。最近は、客のせいにするヤツもいる。よくミュージシャンが「今日の客はノリが悪い」って言っているだろ。そんなヤツは、ただのバカヤローでしかない。乗るか乗らないかは、お客さんの自由だろ。お前のノリが悪いから、客がノラねえんだろ。

だいたい下手くそなヤツって、客の顔色をうかがいたがるんだ。オレのバンドメンバーが客に向かって拍手を求めたりなんかすると、オレは殴りたくなる。「客に目を動かすな」って怒鳴りつけるんだ。もっと自分の演奏に入っていけ。自分に集中できないヤツは、とっととやめちまえ！　だ。

これは、ミュージシャンだけの話じゃない。ただの弱いヤツは、客の反応を気にするんだ。サラリーマンだって、絵描きだって、料理人だって、同じだ。最高の仕事を客に差し出せばいい。とにかく、ただひたすら精度を上げていけ。

ポンタにキレた渋公ライブ

今思えば、80年代に組んだバンド、LOSERはすごいメンバーだった。ギターが仲井戸麗市と下山淳で、ベースが吉田建。それにドラムが村上〝ポンタ〟秀一。ホントにすごいメンバーだったな。

コイツらの中で、いちばんわがままで、女癖が悪かったのが村上〝ポンタ〟秀一。酒飲んで暴れて、無礼なことばかりやっていた。でも、かわいらしくて憎めないから、困った。オレもつい許しちまうんだ。ポンタは生まれついての人気者ってヤツだな。

で、そのLOSERが渋谷公会堂でライブをやった時、ポンタの出来がひどかったんだ。酒は残っているわ、リズムは悪いわで、全然歌えねえ。要するに、ベッタベタの叩き方。演歌みたいにリズムが重いし、余計なフィルは入ってくるし。客は満員だったけど、さすがにオレもライブ途中でポンタに切れちまった。「何やってんだ、コノヤロー」って、怒鳴った。

そしたら、ベースの吉田建が、「あっち、見てみろよ」って。そっちを見たら、そこにポンタが付き合っていた女がいるじゃねえか。ポンタはその女のためだけに、ドラムを叩いていたんだよな。

それで、オレはブチ切れちまった。「ポンタ、テメエなにやってんだ？　バカヤロー」って。マイクなんか通さなくても、会場にいる観客全員に聞こえるくらいの声で怒鳴ったもんだから客席は静まり返ったんだ。

それでもポンタはずっとニタニタ笑いやがっててよ。やっとオレが本気で怒ってるって察して、「すいません」ってボソッと謝ったんだ。

会場はシーンとなってて、どうしたものかと困ってよ。お客さんに聞いたんだ。

「どうする？　このまま続けてやる？　こんな空気になっちゃったけど」って。そしたら、客が「やれーっ」って言うから、仕方なくライブを続けたんだ。もう、やりたくなかったんだけどな。

ステージは再開したけど、やっぱり我慢ができなくてよ。ポンタにも頭に来ていたんだけど、ポンタの女も許せなくてな。女のところへ走っていって、ジャンプして蹴りを入れた。「二度と来んな！」って、怒鳴りつけてやったんだ。

あん時はオレは本当にキレてたな、その場にいた観客に、「今夜のことは、みんなに言いふらせ。オレがブチ切れたって伝えろよ」って言った。でも、誰も言いふらさなかったな。「言え！」って脅すと、かえって言わないもんだな。ＳＮＳもない時代だし、まあ、ニュースにならなくてよかったな。

気分が乗らなくても最高の仕事をするのがプロ

ポンタにブチ切れた渋谷公会堂のライブは２夜連続で、次の日もライブがあった。気が重くて、やりたくねえ。でも、チケットを売っちまっている以上、やるしかねえだろ。リハーサルはやめて、メンバーとは開演の直前に集合することにしたんだ。

雰囲気は最悪に決まってんだろ。ポンタはずっとブスーッってしているし、誰も口を開かない。オレもしゃべる気にはならなくて、「はい、やるよ」ってステージが始まったんだ。

演奏が始まっても、雰囲気はよくならねえ。ポンタは嫌々、ドラムを叩いてる。でも、そのドラムの音がすごくいいんだ。嫌々やっていて、感情がまったく入ってねえ。だから、めちゃくちゃ正確なんだ。「ＯＫ。今日の出来、最高じゃねえか、お前！」

って、オレも自然に声が出ちまった。

これがプロの仕事なんだよな。プロである以上、感情なんか必要じゃねえんだ。仕事っていうもんは、嫌々やるんでいいんだ。ミュージシャンだって人間なんだから、「今日はやりたくねえな」って気分が乗らない日もあるワケだろ。でも、嫌な気分の時でも、最高の仕事をするっていうのがプロなんだ。最高の仕事で、客全員をうならせる。ひとりの女にモテるために演奏するなど、プロとしてあり得ねえんだよ。

お前の感情なんか、客にとってはどうだっていいことなんだ。お客さんはお前の精度の高い演奏を聴きたいだけなんだ。

渋谷公会堂の２日目は、最高のステージだった。火事場のバカ力って言うんだろうな、プロフェッショナルのチカラを感じたな。ＬＯＳＥＲのメンバー全員がそう思ったんじゃねえか。それでもオレとポンタは結局、一晩中、口をきかなかったんだけどな。

……と、ここで終わるとポンタと決別したかと思われちまうよな〜。もちろんこの後も、たくさんステージを行ってるのだ。以前のように仲良くはできなかったが、感情を抑えて叩くようになったドラムはさらに〝磨き〟がかかっていたんだよ。ポンタもまた天才で、最高と最低が同居していたヤローさ。

『人間なんて』を2時間歌い続けた拓郎

ミュージシャンに大切なのは、ひたすら精度を上げていくこと。それと、度を超えるっていう感覚だな。プロっていうのは、客の想像の範疇にいたらダメだ。「どうせ、こんなもんだろう」とか、「今日はいつも通りの安定の出来だった」なんて思われたら、恥でしかねえ。想定内っていうのは、ミュージシャンにとって最大の屈辱だ。

だから、オレは「何も、ここまでやらんでも」くらいのことをやって、客にオドロキと快感を与えたいと思っている。完全燃焼すんのが、ミュージシャンってものだろ。

昔は、度を超えるヤツが多かった。忌野清志郎とか、オレの師匠の岡林信康とか、あの時代の吉田拓郎とかな。ヤツらは記憶に残るライブをしている。

中津川フォークジャンボリーの拓郎は、完全に度を超えていた。メインステージではなく狭いサブステージで、『人間なんて』の一曲だけを2時間も歌い続ける。たった一曲で2時間。コイツ、すげえな、度を超えているじゃねえか。集まった客も熱に浮かされちまって、拓郎と一緒に『人間なんて』を歌う。映像が残っているから、一度見ろよ。これが度を超えるってことだ。

あの時代のミュージシャンは、洋楽に対する敗北感が強かったんだ。日本の音楽はあまりにも幼稚で、口先だけでしか歌ってねえ。外タレ見て、ショックを受けたな。なんとかしなきゃなんねえって思ったが、歌唱力や演奏力はすぐにどうこうできる問題じゃねえ。それで、体力勝負に出たワケよ。

その体力勝負の到達点が、拓郎の『人間なんて』だ。日本人だってやれるじゃねえか。オレもやらなきゃなんねえなって思いが、込み上げてきた。

だから、オレはライブのたびに度を超える。「何もここまで声出さんでもいいじゃないの」ってところまでやってやる。酸欠になるまで歌い続けたこともある。筋肉にガタがきて、ステージ上で倒れるんだ。打ち上げパーティーやるパワーなど、みじんも残っちゃいねえ。

スタッフに「泉谷さん、いくらなんでも、やり過ぎなんじゃないですか」って何度も言われた。「そこまでやったら、疲れるでしょう」ってな。

なに言ってやがんで。ニンゲン、どれだけ疲れられるかだろ。疲れたらどうしようなんてぬかしてると余計疲れちまうってもんだ。オレは、どれだけ疲れるかで音楽をやってんだ。限界を超えるまでやって、初めて得られる快感や達成感があるんだよ。全力でやると体は疲れても心は疲れないのだゾ。それがオレの音楽ってもんよ。

「ステージで死ねたら本望」って、ミュージシャンは言うだろ。いい言葉だ。オレもステージで死にてえよ。

「フォークの裏切り者」というレッテル

『春夏秋冬』が売れ、オレもちっとは有名人になった。で、1975年に小室等、吉田拓郎、井上陽水と4人で、フォーライフレコードっていう会社を作ったんだ。

その頃って、フォークシンガーの地位が低かったんだ。演歌やグループサウンズより、はるかに下で、ゴミのような扱い。こっちも汚ねえジーパン穿いて、いつも同じシャツ着てんだけど、それにしても扱いが悪過ぎで、ぶうたれてた。

テレビ局のプロデューサーが偉そうな態度で、見下してくんだ。だから、こっちもテレビ局のヤツに、頭なんか下げる気なくてよ。偉そうにしてたんだ。そしたら、フォークの連中は生意気だってことになって、ひどい仕打ちをしてきやがる。演奏中にライトを消されたりよ。上等じゃねえか。テレビなんか、出てやらねえからな。それでフォークシンガーは、テレビに出ないって状況がしばらく続いたんだ。

フォーク歌手の立ち位置を向上させたい。それがフォーライフレコードを作った理由よ。当時は画期的なことだった。アーティストがレコード会社を持つなんて、考えられなかったからな。戦後から日本の音楽業界はレコード会社が牛耳っていた。ミュージシャンは使い捨てで、売れなくなったら、すぐに切り捨てられたんだな。

レコード会社の設立は大きなニュースになった。音楽業界の革命だって騒がれたもんさ。

初めはオレらも盛り上がって、いい雰囲気だった。でも、徐々に内紛状態のようになっちまった。なにしろ、小室等、吉田拓郎、井上陽水に、オレの4人だろ。揃いも揃って強烈なキャラクターだ。最初は毎日が楽しかった。だが、予想を超えてレコードが売れなかった。売れなくなると、モンダイが起きるってモンだ。経営がうまくいかなくなって、それぞれのキャラが主張し始めたってことだ。オレも27歳の若さで、融通なんかきかねえから、ことあるごとに衝突するようになってな。

いちばんケンカしたのは拓郎だな。拓郎は、なんていったって『人間なんて』の2時間熱唱をやり遂げた伝説の男だから。オレのスーパースターだったんだ。それが、拓郎は「フォーライフレコードの社長になりたい」と言い出しやがった。ホント頭に来たな。オメエ、歌手だろ。アーティストの道を選んだんなら、それに徹しろよな。経営者になりたいなら、歌手を辞めて、経営者になる勉強をしてからにしろ。中途半端な気持ちで経営者になりたいとは、他の経営者の方に対しても失礼だ。のちのち拓郎を殴る原因のひとつでもある。

まあ、そんなことがあって、フォーライフレコードにいられなくなった。一緒になんかやれねえって、会社を辞めたんだ。気分はすっきりしたけど、仕事は一気に減った。「4人で立ち上げたレコード会社を、自分の勝手で辞めやがって。ほかの3人に申し訳ないと思わないのか」って、周囲から叩かれてよ。

オレひとりが悪者になった。「フォークの裏切り者」っていうレッテルを貼られ、音楽ファンが離れていったいった。音楽活動は続けたけど、とにかくライブにお客さんが入らないんだ。

向田邦子さんの口説き文句

フォーライフレコードを辞めて、食えない時代になった。スランプでもなんでもねえのに、仕事を干されちまってよ。で、助けてくれようとしたのか何なのか知らねえけど、映画出演の誘いが来るようになった。暴れん坊というキャラクターは立っていたからな。

オレは「歌手で死にたい」って思っていたから、初めのうちはまったく気が乗らなかった。最初の出演依頼は日活ロマンポルノだったな。ありがてえ話なんだけど、断ったんだ。

その次が、『戦後最大の誘拐・吉展ちゃん事件』っていうテレビドラマの誘い。犯人の小原保を演じろって。でも、これも気が乗らなくてな。一回断ったんだけど、脚本家の向田邦子さんから連絡があった。直接、会いたいってな。

会ってみると、向田さんって最高なんだよ。オレに向かってこう言うんだ。テレビの音楽番組「ミュージックフェアでお前が歌っているのを見たけど、歌は一切心に入ってこなかった。でも、横顔がすごくよかった」って。

それ、褒めてんのか、貶《けな》してんのか。で、オレを指さして、「犯人役、お前やれ」って言いやがる。その言い方ときたら……。

どれだけ生意気な女なんだよってカチンと来た。でも、「カッコいい女だな」とも感じちまってよ。オレに「お前やれ」なんて命じるヤツ、いなかったしな。

向田さんに惚れちまったよ。オレ、もともと強い女が好きだしな。「犯人役だろうが何だろうが、向田さんのためにやるしかねえな」って。で、出演を引き受けることにしたんだ。

撮影が始まって現場に行ったら、すっげえメンツなんだ。監督が恩地日出夫さん、撮影クルーが黒澤組。それだけで、舞い上がっちまったな。

で、オレはド素人。演技を学んだことなんて、あるワケねえだろ。そんなオレを黒澤組が役者として見てくれるはずがない。現場ではモノ扱い。転がってる石みたいなものよ。「おらあ、そっち行けよ。邪魔だ。その演技、なんだそりゃあ」ってドヤされてな。「フォーク四天王」って肩書きは、撮影の現場ではまったく通じねえんだ。

だからよ、現場に通うのは憂鬱だった。嫌で嫌でたまらなかった。こっちは役者になりたいって気持ちはひとつもないんだしよ。ひたすら、ぶうたれて、演技してた。

あ、イヤ演技してないワ。

　しかし、そのぶうたれがよかったらしい。監督の恩地さんが、「お前、素晴らしいな」って言ってくれた。「役者に演技を作り込んでこられると、やりにくい。直しようがないからな。だから、やりやすかった」ってことなんだ。まあ、やる気がないから、褒められてもうれしくはないけどよ。

　振り返ると恩地さんって、細かく指導するタイプじゃない。「泉谷さん、はい、動いて」とか、「３つ数えたら、建物から出てきて」とか、指示が簡単でわかりやすい。

　何も考えずに現場に行って、「はい」「はい」って言われた通りにやればいい。役者って仕事は、楽でいいなとは思ったな。

ミュージシャンは裸の王様

　本業はミュージシャンで、役者はアルバイト。金になりゃあ、それでいい。フォーライフレコードを辞めて、仕事を干されている時期だったから、助かったのは事実だな。それに役者の仕事で、いろいろと気づかされたんだ。

当時のミュージシャンってよ、オレ様なんだ。スタッフがどれだけ苦労をしても、それをミュージシャンに気づかせねえんだ。ミュージシャンは天上人。ひどい態度でわがままを言っても、スタッフがいい気持ちにさせてくれるワケよ。「喉が渇いた」って言えば、飲み物がすぐに出てくる。「女が欲しいな」って言えば、すぐに呼び出してくれる。売れている時だけの話だけどな。

でも、映像の現場は１８０度違うんだ。スタッフも役者も一緒に、冷えた弁当を食う。それにロケって、公共の場所で撮影するだろ。道路とか公園とかな。そういうのを使う場合は、役所に許可を取って、車を通行止めにする。映画のヤツらはそういうシステムに慣れてっから、みんな腰が低いんだ。

通行人から「いつまでやってんだ、コノヤロー」って怒られる。で、「すみません。もうすぐ終わりますから」って頭を下げる。監督も一緒になってな。

オレなんかすぐカッとしちゃって、すぐさま戦闘モードに入ってしまう。で、スタッフから諭されるんだ。「場所をお借りしているんだから、やめなさい」ってな。映像のヤツらって、偉いんだ。我慢して、肩身の狭い思いをしながら、映像を作っているんだ。

ホントに、ミュージシャンは勘違いしているヤツが多い。オレがスタッフを食わせてんだって、自分に酔ってんだ。オレもそうだったけどよ、世間知らずでいることがカッコいいと思ってるんだ。

ミュージシャンは、女だって呼べば来るもんだと考えてる。特に、ロックのヤツらは勘違いが甚だしい。パーティーで、ロッカーが怒り狂っててよ。どうしたって聞いたら、「女がいねえ」って。「オレ、こんなに頑張って歌ったのに、なんで女がいないんだ」と。

頭に来て、オレはソイツに向かって言った。「バカヤロー、ケガと弁当と女はテメエ持ちだ。いい気になっているんじゃねえよ」ってな。

女が欲しいんなら、自分で調達しろ。スタッフにやらせるンじゃねえ。

ロックスターは裸の王様。大切なことを、意外なほどわかってない。スターなんて、バカバカしい。役者の仕事をして、そのことに気づいちまったんだ。

事件の中にいたかったんだ

オレには、金銭欲とか、名声欲とか、まったくねえ……とは言い切らんが。物欲もあんまりない。着るものも普通だし、ゴルフも好きじゃねえ。絵を見るのは好きだけど、買って家に飾りたいとは思わない。美術館に出かければいいからな。

時計は、Ｇ－ＳＨＯＣＫのニセ物で十分。金属アレルギーだから、キラキラした高級時計はハメられねえしな。

じゃあ、オレのいちばんの欲求って何かって言うと、「事件の中にいたい」っていう思いなんだ。世界を大きく変えるでかい出来事の中にいたいっていうお調子者だ。戦争反対のデモの中とか、乱闘になってパトカーに追われて逃げる群衆の中とか、そういう事件性のあるものの中にいたかったのさ。

音楽ってよ、オレにとって「事件」なのだ。

オレは絵がうまいと思ってたから、漫画の仕事でやっていこうとした時期もある。漫画家として食っていこうってな。でも、長続きしなかった。部屋の中で地味にコツコツと絵を描くって作業には、事件性が足りねえんだな。外の空気に惹かれて部屋から出てきちまったんだ。

今もオレにとっての最大の事件は、音楽なんだ。死ぬまで、音楽っていう騒乱の中に身を置きたい。スタジオにこもってアルバムづくりも嫌いじゃないが、やっぱりライブをやりたい。どでかい音楽フェスティバルをやりたいんだな。

役者の仕事はおもしろい。でもよ、やっぱりオレは音楽じゃねえとダメなんだ。映画やドラマに出て、改めてそう気づいたな。

第3章 大スターのキャラに学ぶ

大スターは別次元の生き物

オレはませた小学生だった。でも、オレだけじゃねえ、あの頃の子どもは今よりも相当ませていたな。高度経済成長期で新しい情報がどんどん入ってきて、耳年増になってくんだ。それに、今みたいに過保護じゃねえからよ。親に放っておかれたからな。昭和って、おおらかな時代だったけど、けっして明るく楽しい時代じゃなかったんだ。高度成長の反動で、嫌なことがたくさんあった。むしろ暗い時代だったんじゃねえか。東京オリンピックの開催で、土地を取られて苦しんだ人がいっぱいいたワケだしな。急激な開発で、山や川が汚れるし、公害病は発生するし、ヘドロの海も生まれるし。

昭和を美化して、「あの頃に戻りたい」って言ってるヤツいるだろ。本当に戻りたいのかね。「スマホ」ないのだゾ。空気汚染ハンパないし、今の人が戻っても1週間持つかどうかだ。

そんなヤバイ時代に、夢とファンタジーを見せてくれたのが大スターだったんだ。小学生の時には学校サボって映画を見に行く快感を覚えたな。サボるってことがうれしくて、たまんねえんだ。親や先生にバレて、怒られちまったけど。

当時の日活スターと言えば、石原裕次郎、赤木圭一郎、小林旭。その3人に夢中になった。いやあ、しびれたよ。「オレもああいう渡り鳥になるんだ」って、ワケのわからないことを言ってた。

スターは、いろんなことを教えてくれたよ。ちょっとした仕草とか、ため息のつき方とかが、カッコよくてたまんないんだ。こうやれば、女にモテるんだなってな。

オレは、学校サボって映画に行ったりしてたけど、それ以外は意外にマジメだった。出席だけはちゃんとするタイプよ。勉強はどうでもいいんだけど、好きな女の子に会いたくてな。

で、その女の子の前でスターの真似をしようとするんだな。でも、いざとなると、恥ずかしくて、何もできやしねえ。モテないガキの典型だったんだ。

スターにはずっと会ってみてえって思ってた。オレは、意外にミーハーなんだな。でも、そんなチャンス、なかなかねえだろ。

でも役者をやったおかげで、その夢が叶っちまった。それもよ、全身が緊張で固まっちまうくらいの大物に。

会ってみるとよ、大スターっていうのは、やっぱりすげえんだ。存在感とか、キャラクターが、ポッと出とは全然違う。撮影の現場で、大勢のエキストラに囲まれるだろ。でもよ、大スターはすぐに見つけられる。そこだけ、空気が違うんだ。群衆から浮き上がって出てくんだ。大スターっていうのは、別次元の生き物だな。

そして、スターに会って、オレもスターになりてえって思った。スターって呼ばれなくてもいいけど、人の記憶に残るような人間になりたいって考えるようになったんだ。それでファンのヤツらが、オレの考え方や行動を真似してくれる。そうなれば最高だなってな。

だって、影響力って重要だろ。人に影響を与えないことなんて、やる意味がない。

エンターテインメントであろうが、なかろうがな。真似する人が出てくるくらいのもんじゃねえと、金をかけて作る必要なんてないだろ。

オレは今でもスターに憧れる。でもこのキャラだ。スターは無理なので「アーティスト」にシフトチェンジしたがな。

歌謡曲をみくびっていた

オレがデビューした70年代っていうのは、ベトナム戦争反対の時代でな。権力に屈しない姿勢っていうのが、カッコよかったんだ。だから、メッセージ性の強い曲がもてはやされた。ボブ・ディランとか、岡林信康さんの歌とか。ヤツらの歌は、リアルだろ。社会を映し出す一種のドキュメンタリーだったんだな。

そんな時代だったから、オレは歌謡曲なんて聴く気がしなかった。作り物っぽくて、深いメッセージも何もない、ただの見世物くらいに思ってた。

でもよ、バカなのはオレのほうだったんだ。歌謡曲は素晴らしいし、歌謡曲を歌っている歌手もすげえ。高い技術力で、きちんと時代の役割を果たしてんだよな。

当時の歌謡曲の歌手ってよ、何より技術がすげえんだ。まず、びっくりするくらい声がでかい。音響設備がロクでもねえ地方の公民館や、デパートの屋上で歌っているだろ。声がでかくないと、お客さんに届かねえんだよな。

で、歌謡曲に対するオレの考え方を改めさせてくれた人が美空ひばりさんなんだな。オレの周りのヤツらがよ、みんな「美空さんはすごい」「ひばりちゃんは神様」って言いやがる。だから、試しにコンサートに出向いたワケさ。いんや〜声のでかさに唖然としたな。「日本人か？　この人は」ってな。彼女の声量に、一瞬にしてしびれちまったんだ。

美空ひばりは、とんでもねえ才能の持ち主だ。今まで聴きもしねえでバカにしていて、ゴメン。心の中で謝るしかできなくてな。

聴かず嫌いって、どうしようもないバカヤローだよな。得することは、何ひとつありやしねえ。バカヤローが大バカヤローになっちまうだけだ。美空さんには感謝しかねえ。歴史を動かしてきたヤツっていうのは、とんでもねえ実力を持っているんだ。

岡林信康に連れられ、ひばり邸訪問

美空ひばりさんに会ってみてえって思ってたら、その機会が訪れた。岡林信康さんがオレのところにやってきて、「泉谷。美空ひばりの家に行くんだけど、ちょっと一緒に来てくんないか」って言う。「なんで？」って聞き返したら、「間違いを起こしちゃ、いけないからさ」って岡林さんは言うんだ。

最初は意味がわかんなくてな。「何言ってんだ、師匠ぉ……」と思って、「美空さんはオレのこと知らないし、迷惑でしょ」って誘いを断った。でもよ、岡林さんはしつこく「頼むから、一緒に来てくれ」ってせがんでくるワケよ。

フォークの神様と言われた岡林信康には、オレもずいぶん世話になったな。『私たちの望むものは』って曲がカッコよくてよ、勝手に「人生で初めての師匠だ」って尊敬したんだ。それで、岡林さんの自宅に押しかけて、弟子にしてもらったこともあるんだな。

曲がいいうえによ、岡林さんはいい男なんだ。フォーク界でも群を抜くくらい。女にモテるなこりゃ〜と思った思った。

一方の美空ひばりさんは、業界では男好きで有名だったんだ。それも、いわゆるいい男が大好きでな。だから、岡林さんを自宅に誘ったらしいんだ。

オレは、美空さんと岡林さんがどんな関係になろうと知ったことじゃねえし、行きたくなかった。だってよ、イケメンにくっついていく、ブ男の男子高生みたいだろ。それでも尊敬する先輩の頼みだし、断り切れなくてな。美空さんの私生活を覗いてみたいって気持ちもあって、しょうがなく行くことにしたんだな。

岡林さんにくっついて美空さんの家に行った。想像通りなんだけどよ、オレはまったく相手にされねえんだ。美空さんはフォークソングなんてよく知らねえし、興味もまったくない。オレのことなんかどうでもいいんだな。美空さんのその時の興味は、相手がいい男かそうじゃないか、それだけなんだから。

美空さんの家には、本人のほか美空さんの母親もいた。オレはまったく相手にされないから不機嫌でよ、生意気なことを言っちまったんだ。

「美空さんが着ているあの女王ルック、ダサくて、カッコ悪い」ってな。で、調子に乗って、「あの頭につけているボンボリみたいの、なんなんだよ」とか、「本当の歌手っていうのは、歌だけ歌ってりゃいいんだよ」とか、言ってやったんだ。

オレは美空さんに好かれようなんてちっとも思っていないから、どうでもいいワケ。追い出したいなら、早く追い出してくれよ。こっちは、一刻も早く帰りたいと思っているんだからな。

オレの言葉に美空さんのお母さんが怒り出してよ、「アンタ、うるさいな。早く帰りなさい」って言った。

しめた、これで帰れるじゃねえか。そしたら、岡林さんが止めるんだ。オレの腕をつかんで、「もう少し、ここにいてくれ」って必死なンだ。

ふざけんな、頼むから帰らせてくれよ。でも、先輩の手前、残るしかねえのか……。

オレはもう少しだけ、美空ひばりさんの家にいることになったんだな。

真の大スター、美空ひばり

美空ひばりさんに向かって「ダサい」と言っちまって、母親は怒り狂った。でも、美空さん本人は意外なほど冷静なんだ。

「あのね、しげるちゃん。何を言っているのかよくわからないけど、私のシルエットがどうかっていう感じで具体的に話していただけるとありがたいんですけど」

美空さん、かわし方がうまいじゃねえか。声のトーンがクールでさりげない。この人には到底敵わねえな。やっぱり美空さんは真の大スターだってことが、よくわかった。

美空さんに感心していたら、場がだんだんと和やかになってきやがった。あの時代っていうのは、おおらかだったんだな。ケンカもするけど、情が移ってきちまうんだ。ケンカから、かけがえのない友人になるってこともよくあったんだ。

で、噂に聞いていた通り、美空さんは男好きなんだな。そのことを本人もよくわかってんだ。「ただね、あたしね、ちょっとエッチなの」って自分から言う。「あ、こういうことを言うから、岡林さんが警戒しちゃって、しげるちゃんを連れてきたのかな」ってよ。これ聞いたら、誰だって溶けちゃうだろ。かわいくて、たまんねえもんな。もう、美空さんにそう言われてよ、オレも彼女が大好きになっちまったんだ。

これほどかわいく魅惑的な女性に、オレは何て品のないことを言っちまったんだろうか。後悔が込み上げてきてよ。頭下げなきゃなんねえなって、心から思った。

「美空さん。これまで生意気なことを言って、すみませんでした。本当に、申し訳ございません。実はおふくろが美空ひばりさんの歌が大好きで、いつも聴いています。おふくろだけじゃなく、僕もとにかく尊敬しています」

そう言ったら、美空さん、「うれしいわ」って。それから、「じゃあ、私のビデオ見る?」ってうれしそうに聞いてくんだ。

スターっていうのは、自分のビデオを人に見せて喜ぶんだ。吉田拓郎もそうだけど、自分を見てほしくてたまらないんだな。オレは自分のビデオを人に見せるなんて、できねえ。こっぱずかしいじゃねえか。だから、オレはスターにはなれねえんだ。

美空さんに「ビデオ、見る？」って聞かれて、「はい、見せていただきます」と答えた。それから延々、ビデオ鑑賞だ。夜が更けるまで、帰れなくなっちまったじゃねえか。

憧れの勝新太郎の寂しげな顔

昭和の大スターって言うと、女なら美空ひばり。じゃあ男はって言うと、勝新太郎さんだな。

ちょうど１９８０年くらいだったかな。オレは倍賞美津子さんと一緒に仕事していて、仲良くしていたんだ。で、倍賞さんが、「勝さんが『影武者』を降ろされて落ち込んでいるから、なぐさめに行こうよ」って、オレを誘ったんだ。

『影武者』は、世界のクロサワ映画で、仲代達矢さんが主演したヤツ。初めは、主役は勝新太郎さんが演じるはずだったんだ。でも、勝さんと黒澤監督が大ゲンカしちまって、勝さんは降板になったんだな。

オレも勝さんに会ってみたかったから、倍賞さんと一緒に六本木のディスコへ行った。そしたら、勝さん、白いスーツに白いハットでキメてな、フロアで踊ってんだ。踊りは、たいしてうまくねえ。でもよ、カッコいいんだな。若いヤツに囲まれて、楽しそうにしてるんだ。

勝さんって、人を集めるチカラがすごいんだ。「なんか知らねえけど、オレの周りには若いヤツらが集まってくるんだ」って、自分でも言っている。人を引き寄せるオーラが、群を抜いてるんだ。

勝さんがダンスをやめてテーブルに戻ってきた。あいさつに行ったら、「おう、よく来たな。まぁまぁまぁ、座れ」って。お、映画と同じじゃねえか。豪放磊落《ごうほうらいらく》で、カッコいい。オーラがすげえんだ。「これ、どう見たって、落ち込んでなんかいねえだろ」って思った。

でも、どこか寂しそうなんだな。時々、陰のある表情を見せるんだ。勝さんほどのスターでも、『影武者』の降板はやっぱりショックだったのかなって思ったんだ。ディスコを出て、勝さんに連れられて中華料理店へ行った。メシ食いながら、いろんなことくっちゃべった。オレはガキの頃から勝さんが憧れで、映画はすべて見ていた。それを伝えたくて、「勝さんの映画は全部見させてもらってます」って言ったんだ。

そうしたら、勝さん、「そうか、そうか」って、うれしそう。でも、やっぱり、ちょっと寂しそう。その寂しそうな表情が色っぽくて、かわいいんだ。この表情に、女性はヤラれちまうんだなって。

オレが「作品の中でも、特に『座頭市』が好きです」って言ったら、勝さん、「じゃあ、一緒に見るか?」って。ああ、また、やっちまった。勝さんも自分の作品を見せたいクチだったんだ。もう、こうなれば見るしかないじゃねえか。朝まで帰れねえなって腹をくって、「見させていただきます」って丁寧に答えたよ。

勝さんの事務所で、『座頭市』大会だぁ！　オレは何回も見てっから、筋書きは全部頭ん中に入っている。だから、画面はテキトーに見て、勝さんを眺めてたんだ。勝さん、楽しそうだった。でも、時々ふっと寂しそうな顔を浮かべるんだ。やっぱり、『影武者』の降板を相当引きずっているんじゃねえのか。だんだんオレの勘が正しいように思えてきてな。でも、降板はショックでしたかなんて、本人には聞けねえだろ。

勝新太郎に殴られた

いや、待てよ。もしオレが週刊誌の記者だったら、ここで聞かねえと失格だろ。勇気を振り絞って、なんとなく切り出したんだ。「勝さん、やっぱり、あの、あれですかね。『影武者』って映画の降板はかなり、残念でしたかね？」ってな。

そう聞いたら、「おう、黒澤な、ダメだ、アイツは」って始まった。「とにかく、黒澤はオレのセンスをまるでわかってねえ」って、まくしたてるんだ。一気にしゃべって、ふっと黙りこくる。それがまた寂しそうでな。

オレはこの際だと思ってよ、勝さんに生意気なことを言っちまった。

「勝さんが一瞬見せるその寂しそうな顔は、とってもかわいくて、素敵です。オレが言うのも生意気ですけど、その表情を演技に生かしたらいかがなものでしょう」ってな。

そしたら、いきなり殴られた。「テメエ、オレに向かって何言ってるんだ、バカヤロー」って。勝さん、本気で怒り出したんだ。

もう、こうなれば、攻めるしかねえだろ。「勝さん、あなたは気づいていないかもしれないけど、その表情、とってもかわいくて色っぽいんですよ。それを演技に出したら、また違った勝新太郎が見れる。オレにはわかるんです」と言い続けてな。

勝さんの怒りに、さらに油を注いじまった。顔を赤くして、本気で怒ってな。

「うるせぇな！」って怒鳴られ、また殴られた。勝さんに面と向かって演技にあれこれ言うヤツ、オレくらいだろ。あの頃は、怖いもの知らずだったな。

『座頭市』の途中で、勝さんの事務所から帰ることになっちまった。

殴られたとこが痛くて、「ああ、いてぇ」って言いながら、とぼとぼと歩いてた。

そしたら倍賞さんが、「お前も愛されたね」って言うんだ。なんだか、じーんと来ちまってな。オレ、泣いたな。

それで、倍賞さんに「でも、勝さんが時折見せる寂しそうな表情って素敵だよな。あれを映画でも見たいんだ。美津子さんも、そう思わない？」って聞いたら、「そう思うよ」って。強いだけの人間には、惹かれねえ。弱さっていう隙が、人を惹きつけるんだ。特に、女心をな。

しばらくして、勝さんが『夫婦善哉　東男京女』という舞台を、奥さんの中村玉緒さんと一緒にやることになった。見に行ったら、舞台での勝さんの表情が、ものすごくかわいいんだ。これは、もしかするとオレの言ったことを少しは感じ取ってくれたんじゃねえのかって。そう、勝手に自慢してスマン。

オーラがない〝世界のミフネ〟

昭和の大スターでは、三船敏郎さんも忘れちゃいけねえ。勝さんと同じくらいすごかったな、光が。三船さんの背後から、光が降り注いでいるんだ。あれを後光が差すって言うんだな。

オレなんかと住んでいる次元が違う。まあ、比べ物になるワケもないんだけどな。しかも、三船さんっていう人は、懐が深いんだ。誰に対しても礼儀正しく、気配りが行き届いていてな。オレなんて、ただの怖いもの知らずの若造で、生意気なことばかり言っていただろ。それでも、すべてを深い懐で受け入れてくれるんだ。

で、三船さんと一緒に仕事をすることになった。三船プロ制作の『素浪人罷り通る』っていうテレビ時代劇シリーズにゲスト出演してくれねえかって言われてな。役者の仕事はただのアルバイトって割り切ってたけど、三船さんに会えるっていうだけで、ワクワクしちまった。「どんな役でも出ます」って答えんの、当然だろ。

最初の撮影日になった。三船さんのスタジオに集合だったから、ぶらぶらと歩いていたんだ。それらしい建物の前で庭掃除しているおっさんがいて、「すみません、三船プロはここですか?」って聞いたんだ。

そしたら、その庭掃除のおっさんが「はい、ここだよ」って。それが、三船敏郎さんだったんだ。「え?」って、茫然としちまった。天下の三船さんが、なんで自分のスタジオの入口を掃除してるんだよ。

後で知ったんだけど、三船さんは撮影で使うドーランの量の計算から、スタジオの戸締りまで、全部自分でやっているんだって。自分が作った会社をベッタベタに愛しているんだ。三船さんは苦労人だからな。若い時は軍隊に入って上官にしごかれて、俳優としてデビューしても初めは売れなかったワケだし。苦労が染みついた人なんだよな。

で、庭掃除をしている時は、〝世界のミフネ〟のオーラが全然ない。どう見たって、用務員のおっさんとしか思えねえんだ。だから、オレもついうっかり声をかけちまったんだ。

それが、撮影が始まると、別人なんだ。じっと立っているだけで、別次元のオーラがあるんだな。

だけどな、撮影していない時は、いたって普通のおっさんなんだ。スタッフと同じバスに乗って移動するし、特別なイスに座らないし、みんなと一緒に弁当を食べるしな。オレにも気さくに語りかけてくれてよ。「泉谷さんもたいへんでしょうけど、頑張ってください」って。素敵な男って、三船さんのような人のことを言うんだよな。

三船敏郎の大きな愛

『素浪人罷り通る』の撮影は順調に進んで、オレと三船敏郎さんの共演シーンが始まった。オレは「役者はアルバイト」って軽く考えてたけど、この時ばかりは違ったな。今回だけは全力を出してやるって思った。それだけ、三船さんと一緒に仕事ができることに感謝してたってことよ。

撮影シーンは、オレが賊に追われて逃げ回り、それを三船さん演じる剣豪の素浪人が助けるって設定。まずはオレのシーンからってことになって、岩石がゴロゴロと転がる富士山麓の道のりを賊に追われて50メートルも突っ走った。全力で走るのは、ガキの頃以来だから、疲れちまってな。2回走ってOKが出たんだけど、ケガしちまったんだ。脚を擦りむいて、血が出てよ。

たいしたケガじゃねえんだけど、それを三船さんが見ていてな。「オレも走る」って言い出しちまったんだ。

三船さんのシーンは、スタントマンが走る予定だったンだ。大スターっていうのは、危険な場所を走らない。ケガでもされたら大ごとだからな。後ろ姿の撮影だったし、スタントマンが用意されてたのにだ。

でもな、三船さんは「オレも自分で走る」って言い出した。「泉谷さんは生まれつき脚が悪いのに、こんなにケガをしてまで走った。だから、オレもやる」ってよ。スタッフは困っちまって、「危険ですから、ここはスタントマンでいきましょう」と三船さんを説得する。オレも、「このくらいのケガ、大丈夫です。三船さん、オレに気を遣わないでください」って言ったんだけどな。三船さんは全然聞いてくれない。走る気、満々なんだ。

オレは感動しちまってな。ああ、これが真のスターの姿なんだって、感極まっちまった。演技力や動き、セリフの言い回しも重要だけど、本物のスターっていうのは大きな愛を持っていないとダメなんだって。そうしみじみ感じたな。

ミュージシャンは少し売れ出すと、すぐに自分はスターだって勘違いしちまうんだ。周りがチヤホヤするからな。でも、それじゃあ、おだてに乗ってるただのバカヤローだろ。オレはこの日、三船さんに真のスター像を見たんだ。

太地喜和子とショーケンとの夜

オレはガキの頃から、強い女が好き。自分が臆病で気が小さいから、正反対の女に惹かれるのかもな。

オレがデビューしてから好きになったのが、太地喜和子さん。大人で強い女っていう印象だろ。憧れ続けてよ、一度会ってみてえってずっと思ってたんだ。

で、ついにその日が来た。ショーケンこと萩原健一、彼からパーティーの誘いがあって出かけたら、太地喜和子さんが来ているじゃねえか。酔ってない時の太地喜和子さんは清楚でひかえめでとてつもなくイイ女だった。もう、たまらんかった。

そのうち太地さんはベロベロに酔っぱらって、とてつもなくグダグダに。ショーケンのひざの上に乗って、「お前、今日、私の相手しろ」って口説いているではないか！　おっぱいをポロンと出してな。いやあ、驚いちまった。噂には聞いていたけど、彼女、酔っぱらうとこんなになるのかって。でも、まあ、きれいなおっぱいだな。いいもの、見せてもらっちまった。

太地さんの勢いに圧倒されてたら、そこに太地さんの彼氏が乗り込んできて、暴れ出した。どうやら太地さんは、その彼と約束があったらしい。でも、ショーケンのパーティーを優先しちまったんだ。

「お前はオレとの約束をすっぽかして、何やってんだ」と。そりゃあ、彼氏は怒るわな。店は騒乱状態になっちまった。酒のボトルとか、グラスとか飛び交ってよ。太地さんは割れたガラスで手を切って、ショーケンもケンカを止めようとしてケガしちまった。

もう、修羅場よ。それで、パーティーはお開き。太地さんの彼氏は姿をくらましちまって、ショーケンが太地さんを家まで送ることになったんだ。

オレも帰るしかねえなって思ってたら、ショーケンが「お前も一緒に来い」って言い出す。「オレと一緒に、太地さんを送っていこう」ってな。

帰りたかったけど、まあ、こういうのも悪くねえな。この後、太地さんとショーケンがどうなるかっていうのを見届けたいって気持ちがあってな。なんか今夜はツイてるぜって気分だったんだ。

それで、太地さんを送る車に一緒に乗って、まずはショーケンの家に行くことになった。ショーケンもケガしてたし、そこで２人の治療をしようってな。

だけど、太地さんがショーケンの家には入らないってごね始めた。ショーケンが

「お前もケガしただろ。とにかくオレの家に入って、治療しろよ」と言うんだけど、
太地さんは「こんな幸せな家になんて入りたくない」って聞かねえんだ。

太地さんは、別の場所でショーケンと2人で過ごしたいんだ。で、ショーケンは誘いに乗らねえ。ショーケンは、いしだあゆみさんと結婚したばかりだったからな。

「太地、オレは結婚してる。お前、ふざけんじゃね」って、誘いを突っぱねたんだ。
ショーケン、オメエ、カッコいいじゃねえか。

太地さんとの叶わなかった約束

そんなワケで、太地さんとショーケンの痴話ゲンカに巻き込まれちまったけど、それでも2人ともカッコいいんだな。くっだらねえことでケンカしてても、2人とも絵になるんだ。オレは蚊帳の外で、黙って眺めてた。

太地さんがごね続けてな。結局、ショーケンの家に入らねえもんだから、ショーケンもオレも困っちまってな。

オレも家に帰りてえから、２人に言ってやった。「太地さん、オレが家へ送っていきますよ。ショーケン、今日はありがとうな」ってな。そしたら、ショーケンが耳元でささやくんだ。「お前さ、太地を連れて帰って、ヤルんじゃねえぞ」って。オメエ、何言ってんだ。それは到底無理だろ。さっきの修羅場を見てたら、ヤル気なんて起きるワケねえじゃねえか。

太地さんは、ちっとは落ち着いたようで、オレと帰ることになった。で、タクシーに乗って走り出したら、今度の狙いはオレなんだな。ギラッとした目つきで、「テメエ、わかっているだろうな。今日はお前が、私の相手をしろ」って言い出した。

太地さんはずっと憧れの人で、普通だったら「やった」と思うんだろうけど、今夜ばかりは気が乗らねえ。ショーケンに断られちまったから、オレかよ。ホントはヤリてえんだけど、まあ、男の強がりとヤセ我慢っていうヤツだ。

それに、憧れの人といざそういう事態になると、不安になるだろ。酒も入っているし、緊張しちまって、ちゃんと勃《た》たなかったら、自分がみじめになるだけじゃねえか。

いろいろ考えてよ、それで、言ったんだ。「申し訳ない、それはできません」ってな。そしたら、「お前、何カッコつけてんだ。何、丁寧語で言ってんだ。コノヤロー」って怒鳴られちまった。

それでも「ダメですよ、絶対にダメです」って断り続けた。でも、太地さんはしつけえんだ。「うちに来るだけでいいから」ってよ。そこまでヤリてえのか。わかった。仕方がねえ。オレだって、男だからな。

太地さんのマンションに着いちまった。もう後には引けねえ。

そしたらな、玄関の前に太地さんの彼が立っているじゃねえか。パーティーで大暴れした、アイツがな。

「あれっ、泉谷さんじゃないですか。送っていただいて、どうもありがとうございます」ってよ。なんなんだ、テメエ。こっちは一世一代の大勝負を決意してたっていうのによ。

でもよ、なんか、ホッともしちまってな。でも、やっぱり残念な気持ちのほうがデカかったな。

結局、ヤレずじまいだったから、太地さんへの憧れは続いた。純真な憧れっていうヤツ。太地さんは会うたびに、チロチロと誘惑してくんだ。「しげるちゃん。今度、２人で遊びに行きましょうね」ってな。

でも、叶わなかった。太地さんは１９９２年10月に自動車事故で、亡くなっちまったんだ。

沢田研二といかりや長介

若い頃はだな、ブ男よりイケメンのほうがモテる。人間、顔じゃねえっていうのは、モテないヤツのひがみよ。それが、歳とともに、だんだんわかってくる。人間の中身とか、味わいっていうのが見えてくるんだな。まあ、一生わかんねえヤツもいるけどな。

オレは、若い頃からモテたためしがねえ。でも、強がっているワケじゃねえけど、イケメンをうらやましいとも思わなかった。だって、イケメンは生き方が難しいじゃねえか。

オレの世代でイケメンって言うと、ジュリー、沢田研二のことな。アイツとオレは同じ年の生まれでよ、美しいヤツだなってずっと思ってた。立っているだけで、美しいんだ。スーパースターってああいうヤツのことを言うんだろ。

だが、ジュリーは美しい……だけではなかった。

沢田研二が『太陽を盗んだ男』って映画で主演した時によ、すっげえいい仕事してんじゃねえかって思った。原子力発電所からプルトニウムを盗んで、自宅で原子爆弾を作るって教師の話。政府を脅迫し、お金を脅し取ろうとするんだ。

人気絶頂の時に、あんなハードな役、よくやったな。ジュリーって顔もいいけど、演技も最高じゃねえかって感動したんだ。

でも、映画を見た女たちは、「ジュリー最高。たまらなく美しかった」って、それしか言わねえんだ。顔がよ過ぎると、中身が伝わらないのか……。

顔がいいと、私生活も苦労すんだな。

だんだん、ジュリーは違う変なベクトルのほうに行っちまってな。キラキラしたファンタジーを捨て、リアルな現実世界へな。過去のヒット曲は歌わねえで、社会的メッセージを語るようになったんだ。

ジュリーは実は、アーティスト志向が強いのだ。本物になりたかったんだな。だから美しい顔が邪魔になってきたのかもしれない。

顔の良し悪しって難しいな。イケメンはイケメンでたいへんだし、ブ男はブ男で物事が思う通りに進まねえ。オレ、なんかやりそうだって理由で、職質受けたことあるしな。

でも、歳を取ると、ブ男のほうが有利なんじゃねえか。若い頃はモテなくても、歳取ってからモテ出すって気分がいいからな。

もう死んじまったけど、いかりや長介さん。デビュー当時は、顔のことを散々言われてただろ。いかりや人間じゃねえってな。でも、人の目って慣れてきて、だんだんよく見えてくんだよなァ。後年はもうベースを弾いているだけでカッコいいって思った。ホントに。

いかりやさんは、役者やるようになってからもすげえいい演技するしでとにかくカッコイイ。男は得な生き物。歳を取るほどイイ顔になっていくのだから。実は女性もそうだと思うがな。

第4章 真の自分をキャラクターに

暴れん坊キャラは体に悪い

自分のダメな部分は、隠してえじゃねえか。ないものねだりでな、正反対の自分に憧れるんだ。オレは、ずっと本性を隠してきた。臆病さやセコさを隠すために、暴れん坊キャラクターを磨いてきたんだ。

そのキャラを客も気に入ってくれた。戦略的に演じたワケで、本当の自分ではない。でもよ、このキャラクターがみんなの元気になるんだったら、素敵じゃねえか。照れずに、しっかりとやり続ければいい。

それに、キャラクターづくりって不思議なもんで、初めは演じていても、それが少しずつ本当の自分になってくるんだ。

「本当の自分って何なんだろう」って、悩んでいるヤツ、多いだろ。

本当の自分がどんなヤツかなんて、いちいち真剣に考えることじゃねえ。臆病な自分も、強がっている自分も、嘘をついている自分も、元気なふりをしている自分も、全部本当の自分だろ。

だから、暴れん坊っていうキャラも、オレのひとつであるワケ。で、そのキャラでいるうちに、生活も不摂生になっちまったなァ。

ライブが終われば、朝までどんちゃん騒ぎだ。ステージで完全燃焼して、体力なんてちっとも残ってねえのに、それでも夜通し遊ぶんだ。とにかく体に悪いことは全部やんなきゃならねえんだ。若い時はアドレナリンが出まくりで、騒がねえと寝つけないっていうのもあったしな。

酒、たばこ、賭け事、女遊び。なんでもやった。それで、不健全を自慢するんだ。「昨日、一睡もしてねえんだ」ってな、不摂生な生き方がカッコいいって思い込んでんだから、どうしようもねえ。周りにバカだって言われたって、お構いなしよ。ひたすら強がって生きていたんだ。

ケンカもよ、勲章みてえなもんだった。誰にでも、ケンカ、吹っ掛けてな。テレビ番組でスポンサーをバカにして、番組を打ち切りにしちまったこともあったんだ。

でも、歳とともに、自分の根っこが顔を出すようになる。こんな生活を続けてたら、死んじまうってな。体の声がそう言うんだ。

50代の終わりから、後悔し始めてな。今までオレは何をやってたんだろうって。ちょうどそのくらいから、周りのヤツも老け込んじまってな。一緒に音楽をやってきたヤツらが、具合悪いだの、入院するだの、言い出しやがる。死んでくヤツもいてな。若いうちは、いつ死んでも構わねえくらいに思ってた。生きるも死ぬも人間の必然なんだしよ。でも、誰々が死んだって聞くと、心にズンッてくるワケよ。

２００９年に、忌野清志郎がガンで亡くなった。正直、あれはでかかった。それも、歌手にとっていちばん大事な喉のガンで。ショックだったな。

60代で始めた自炊に四苦八苦

気がついたら、オレは情けない60代になっていた。自分ひとりのチカラじゃ、電車の乗車券も買えねえ。運転はそもそも免許がなくて人まかせだったから、車も乗れないしな。社会についていくこともできねえ。情けない年寄りになっていたんだ。体もガタガタでな。更年期障害か何なのか知らねえけど、腕が上がらない。腰も痛い。神経痛も出始めて、体の節々が痛えんだ。目がかすむからよ、曲も覚えられない。同世代のヤツに会ったら、尿酸値と血糖値の話ばかりだ。ファンタジーの世界で生きていくのは、正直、もう限界だと感じたな。リアルな現実が目の前に突き付けられたというワケ。

それで、ご飯を作ってみたんだ。でも、うまくいくワケがねえ。やったことねえもん、当然なんだけどな。それにしても、もう最低でよ。白飯は焦がしちまうし、ゆでたパスタは水で冷やせばいいのかと思ってザルにあけ水で洗おうとしたら、排水口に流れていっちまった。

自分でやってみたら、えらい労力じゃねえか。スーパーへの買い物にしても、こんなにクソ重い荷物を持って帰ってくるって、重労働なんだよな。テレビで主婦の労働は月60万～80万円に値するって言っていたけど、その通りだな。

世間知らずで生きてきて、申し訳ない。で、深く反省して、台所仕事も、掃除も、洗濯も、オレがやると決めた。自分を鍛え直すためにな。

努力を知って野獣から人間になれた

その頃、オレは『三匹のおっさん』というドラマに出ていた。3人のおっさんが主人公の物語。悪ガキだった3人の幼馴染が、詐欺とか痴漢とか、町内の問題を解決していくんだ。

3人のおっさんっていうのは、オレと北大路欣也さんと志賀廣太郎さん。早い話、3人ともおっさんというより、年寄りなんだけどね。

で、収録の時に、ロケ現場で出された弁当がひどかったんだ。ご飯もおかずも冷え切っちまってて、ガチガチに固まってるんだな。頭に来て、スタッフを怒鳴りつけたんだ。「先輩の役者の方々に、こんな冷たい弁当出しやがって、どういうつもりだ」ってな。

出されたお茶もひどかったんだ。冷え切ったお茶でな。「何を考えてるんだ。お前ラ、弁当にはあったかいお茶が相場だろ。コノヤロー」って、ブチ切れちまった。「どこが現場制作してンだ！」って聞くと、「すいません。制作はホリプロなんです」って答えやがる。

ホリプロって、オレの所属先じゃねえか。「てめえ、コノヤロー、ホリプロ。オレに恥かかせやがって」って、さらに頭に来て、ホリプロのヤツらも怒鳴りつけちまったんだ。

初めはうん、うんって、神妙に聞いてた。でもよ、誰かが「そんなに文句を言うんだったら、自分で作ればいいだろう」と言いやがったんだ。

なんだ、テメエは、とカチンときてよ、「おう、やってやるよ」と言い返した。「こんな、ひでえ弁当じゃなくて、もっとうまいヤツ、オレなら作れる」ってな。

ホリプロのヤツら、相当根に持ってたんだろうな。その時の仕返しとばかりに、生け花と俳句と料理の番組を持ってきやがった。オレが挑戦して、点数つけられるって番組。

生け花、俳句、料理。やったことあるワケねえだろ。上等だ、引き受けてやろうじゃねえか。闘争心に火がついたんだ。

これは、負けられねえ、勝負してやろうゾ。それから、猛特訓よ。俳句は、曲づくりをやっていたから、できねえことはない。自分でも俳句のセンスはあるなって思ったがダメだった。

しかし、料理と生け花は、高評価。みんなに褒められたからちょいと天狗になったかな。

ホリプロへの恨みはなかった。むしろ、感謝した。いい機会を与えてくれて、ありがてえって。

料理も生け花も、人や世の中を幸せにするものなんだよな。だから、みんな必死な思いで、腕を磨いているワケだ。

オレは文句だけ言ってればいい、楽なところにいてよ、それで「まずい」とか「興味ねえ」とか、人の苦労を踏みにじるようなことを言ってたんだ。努力っていうものを、初めて知ったような気がした。自分が野獣から人間になれた感じ。

年相応っていうつまらない概念

話は横道にそれるが、『三匹のおっさん』に出演してから、小さい子どもにモテ出した。ガキどもはオレの歌なんか知りもしねえ。でも、とにかく人気者なんだ。地方へ行くと、子どもたちが走って寄ってくるんだ。

ある母親が言うには、「泉谷さんって、子どものように悪態をつくでしょう。だから仲間みたいに思っちゃうんじゃないですか」って。確かにな。子どもは汚い言葉が好きだし、「うんこ」とか言って喜んじゃうワケだろ。

オレが思うに、最近の大人って、老けんのが早過ぎるんじゃねえか。もっとよ、子どもの気持ちで、いいんじゃねえの。

日本には、年相応っていうつまらない概念があり過ぎるんだな。何歳になったら、こういう生き方をしなくちゃいけねえとか、年寄りがはしゃいだら「はしゃぎ過ぎだ」とか。「年寄りなんだから、大変なことは若いヤツにまかせて」って、冗談じゃねえよな。70歳を過ぎたって、ラブシーンを演じてもいいだろうに。

スポーツ選手ってよ、子どものようなヤツが多いんだ。以前、サッカーやってるヤツと飯を食った時に、ソイツが野菜をまったく食わねえんだ。肉ばっかり食っててな。で、ジュースを飲んでる。子どもの食い方なんだ。

「なんで野菜を食べないの?」って聞いたら、「嫌いだから」と言うワケよ。なるほどなって思った。グラウンドを走り回るには、子どもの感覚でいないとやっていけねえんじゃないかって。

実際のところ、野菜は食わなくてもいいのかって気になって、調べてみたら、意外にダメじゃないらしいんだ。肉だけ食っていても、それは野菜を食べていないということにはならない。牛や豚は野菜や草を食って育っているだろ。だから、人間も野菜の成分を摂っているってワケだ。

まあ、ヘリクツっぽいんだけどな。でも、好きなものだけシンプルに食ってたほうが、胃への負担が少なくて済むかもしれない。

オレは肉さえ食ってればいいって、すすめてるワケじゃねえよ。気になることは、調べろってことだ。食材の保存法とか、組み合わせとか、調べりゃ調べるほど、おもしろいんだな。

で、興味持って料理作ると、うまくなったような気がする。「欲望」に正直にってことなのだな。

それで、自分が作ったものだけじゃなく、人が作った料理もうめえって感じるようになったんだ。「あの料理人、めちゃくちゃ苦労して調理したんだろうな」って想像するようになる。相手の愛情が、料理を通して伝わってくるんだな。

最近は何を食べてもおいしい。コロナの時代になってからは、ひとりで黙って食事をする機会が増えた。ペチャクチャしゃべると、ほかのヤツから睨まれるからな。

黙々と食うから、味がよくわかる。で、たいていうまいんだ。みんな、一生懸命作ってくれている。ありがとな。

おっとっとっと。オレ、どうしちまったんだろうと思う。こんなに達観しちゃっていいのかな。死が近づいてんじゃないのかって、心配になるじゃねえかよ。

酒もたばこもやめたら、すっきりした

意外に思われるが、オレはもう酒もたばこもやらない。

酒は、若い時から好きじゃなかった。でも、ミュージシャンは飲まなきゃならねえ。アルコールがダメなミュージシャンって、カッコ悪いだろ。

我慢して、ずいぶん飲んだ。すぐに具合が悪くなっちまって、便所に吐きに行ったけどな。あげく、入院までしてるからな。

酒が好きだったら、依存症になっていただろう。好きなものにはのめり込む性分なんで。オレは酒がダメで、コーラにのめり込んだ。ご飯と味噌汁に、コーラって具合。

たばこは、相当吸っていた。やめたのは、10年くらい前だ。きっかけはオールナイ

トライブをやったら、途中で息切れしちまったからだ。エンディングの前に力尽きてよ、バテて途中終演だよ。

ミュージシャンが息切れしてたら、どうにもなんねえだろ。オレは野獣のように、叫び続けたいのに。

それから、二度と吸う気にならなかったんだ。

酒とたばこに依存するのをやめたら、おもしろいように頭がすっきりした。脳がクリアなんだ。ありったけのエネルギーを音楽にぶち込めるって状態だ。余分なものは削ぎ落とすに限る。シンプルに生きるって、かなり大事だゾ。

オレは物欲もないし、金銭欲もない。音楽さえあれば、なんとかやっていけるんだ。だからってオマケがない人生ってのも、つまらないじゃねえか。悪癖も少しくらいあったって、いいだろ。7勝3敗くらいまで持っていければ十分。たまに、若い女の子と話してウキウキするのも、一生懸命仕事をしたご褒美だ。完全にきれいな体になったら、かえって風邪引きそうだしな。

奥尻救援フォークゲリラライブ

忘れもしない１９９３年の７月。テレビ見てたら、衝撃的な映像が流れてきた。北海道南西沖地震。北海道の奥尻島がひでえことになってるって。爆撃でも受けたんじゃねえかってくらい、島がめちゃくちゃなんだ。

なんとかしねえとな。オレにできることがあるんじゃないか。そう思ってな、で、行きついたのが街頭チャリティーライブよ。

東京で奥尻救援フォークゲリラライブっていうのを始めた。新宿とか渋谷とかで。いろんな街を回ってよ、ギター１本持って路上で歌うんだ。

で、集まった客に向かって、「お前ら、募金しろ！」「奥尻島のために金を出せ！」って強要した。そうしたら、予想を超える募金が集まるじゃねえか。ライブの場所を全国に広げていって、各地を回ったっていうワケよ。

金だけじゃなく、賛同者も集まってきた。忌野清志郎、桑田佳祐、小田和正、それから吉田拓郎も。音楽で被災者を助けようって、集まってくれたんだ。で、翌年に

「日本をすくえ」っていうチャリティーコンサート開いた。武道館でな。

「日本をすくえ」で、2000万円くらい集めた。でかく考えれば、そんなの焼け石に水だけどな。でも、いいことをやった気がした。有頂天でよ、「オレは社会を動かせるんだ」って自己満足にひたったなァ。

でも、疑問も湧いてきた。オレは事件好きなただのお調子者じゃねえのかって。こんなことで、自己満足してていいのかってな。

だけどよ、金が集まれば被災地で役に立つのは確かだろ。そう自分を納得させて、しばらく募金の呼びかけを続けたんだ。

偽善で何が悪い!

奥尻島のチャリティー活動で、非難を山ほど受けた。まあ、予想はしていたんだけどな。ここぞとばかりに、叩きやがる。

「どうせ売名行為だろ」「泉谷って、やっぱり偽善者だよな」ってな。何せ、暴れん坊キャラの泉谷しげるだしよ、チャリティーとは最も縁遠い場所にいると思われていたワケだ。

それに、ゲリラライブって言ってたけど、警察に許可は取ってたんだ。暴動が起きて、ケガ人が出たら困るだろ。大都会でそんなことになっちまったら、どうすんだ。正直、オレもビビっちまって、警察に前もって話しておいたんだ。

警察も、意外にＯＫしてくれるんだ。許可の申請に出向いたら、初めは「路上でゲリラライブをやりたいだと？　ダメに決まってるだろ」って言ってくる。「一回だけ、お願いしますよ」って粘ると、「じゃあ、一回だけだぞ」って。日本の警察は寛容だって、初めて感じたな。

で、そのゲリラライブが警察の許可を取っているって、客にバレちまった。

「泉谷、このニセゲリラめ！」ってよ。テメエら、言うじゃねえか。

こっちも開き直って、「お前ら、バカじゃねえのか。警察の許可なしでできるとでも思ってんのか」って、逆に説教よ。まあ、文句垂れるヤツは、何にでも文句つけてくるからな。

日本は依然としてチャリティーへの意識が低いよな。海外なら、地震やハリケーンで被害が出ると、ミュージシャンや役者が率先してチャリティーをやるだろ。日本にはその土壌や文化がないんだ。

逆に、チャリティーをやると叩かれる。タレントやアイドルが「募金お願いします」って言うと、「偽善者だ」って言うヤツが出てくるんだ。

オレは非難が出てくるのは承知だったから、こっちから先に言っておいた。「売名行為で何が悪い！　売名でもなんでも奥尻島には金がいるんだ。偽善でもなんでも、なんと言われてもいいから、お前ら、金を出せ！」ってな。

標語も作ったんだ。「一日一偽善」。いい言葉だろ。お前が偽善って言うなら、それでいい。どうでもいいから、とにかく、金を出せよ。

ボランティアっていうのは、犯罪行為とスレスレっていうところがあるんだ。ゲリラライブは道路交通法に引っかかるし、大勢集まれば突発的集会にもなっちまう。逮捕される可能性だってあるワケよ。でもよ、それでも、やらなきゃなんねえって思うから、やるんだ。

募金がいっぱい集まったって、オレの儲けは一銭もねえ。全部寄付するからな。だから、オレの所属事務所も儲からねえし、逆にリスクしかないんだ。もしもオレが逮捕されちまったら、事務所にも捜査が入るだろ。責任を追及されるのが目に見えてるからな。

そうなるのが嫌で、事務所に言ったんだ。「チャリティー活動の責任は、あくまでオレひとり。だから、オレとの契約を打ち切ってほしい。事務所を辞めたい」ってな。

でもよ、事務所はクビにしてくれなかった。それどころか、事務所のヤツらが、手伝わせてくれって言い出した。

オレはひとりでやると決めてたから、「やめとけ」って言った。でも、聞きやしねえ。「いや、やらせてくれ」ってな。結局、たくさんの人を巻き込んじまったんだ。

募金ではなく、観光で金を落とせ

日本は本当に災害が多い国だな。わかってはいたけど、チャリティーを続けて、さらに強く実感した。

奥尻島の復興が全然終わらねえうちに、阪神・淡路大震災だろ。マグニチュード７・３。数字を聞いたってピンとこねえけど、現地へ行ったら、想像以上のひどさでな。死者も６０００人以上、出ちまって。少しでもチカラになりてえと思って、路上で歌い続けたんだ。

募金は集まった。でもよ、歌いながらオレの中で疑問が広がっていったんだ。「金さえ集めればいいのか」って。

繰り返し募金活動をやってると、だんだん慣れてきちまうだろ。このくらい歌えば、このくらいの額が集まるだろうってな。それじゃあ、ただ金を集めるだけのおっさんじゃねえか。

金を出してくれるヤツらもそう。初めは「このお金が少しでも被災地の役に立ってくれれば」って思うけど、繰り返しているうちに、「とりあえず、募金さえしとけばいいだろう」って気になっちまう。

集まった金は日本赤十字社に全額送り届けていた。でも、現地に届くまでに20%くらいの手数料が引かれてしまう。必要な経費だけど、高過ぎるんじゃねえのかって。みんなが出してくれた募金をもっと効率的に被災地に届ける方法はないのかって、模索し出したんだ。

で、ひとつの結論に達した。募金活動は一切やらねえことにするって、みんなの前で、そう宣言した。じゃあ、どうやって被災地を助けるのかって言うと、観光よ。募金のかわりに、全国各地のヤツらが現地へ行って、金を落とすんだ。「募金ではなく、観光で金を落とせ」ってな。オレはそう言い始めたワケよ。

だってよ、被災地のヤツらは募金の金をもらうより、観光に来てくれたほうがハッピーになるだろ。知らねえヤツとの会話も生まれるし、もしかしたら遊びに行ったヤツも被災地が気に入って、来年もまた行きたいって思うかもしれねえだろ。そうなったら、被災地は1回だけじゃなく、次の年も金が入る可能性があるんだから。

募金から、「観光しに行け」って方針を切り替えた。初めのうちは、オレが行きてえ場所に行ってたんだけど、だんだん「来てください」って言われるようになってきた。自治体が「私たちの街も助けてください」ってな。

宮崎県が「口蹄疫でたいへんだから、奥尻や阪神・淡路大震災の経験を生かして、募金の呼びかけをやってくれないか」と言ってきた。熊本県は「熊本地震で被害の大きかった阿蘇を助けてくれないか」って言ってな。

募金活動の依頼には、「金集めはやらない」って断った。そのかわり、「ここここは被害が大きくて危険だけど、ここは安全だから大丈夫だって、明確な情報を出せ。で、観光に来てもらえるようなことをやれ」って言ったんだ。

そしたら、「じゃあ、泉谷さんがイベントを開催してください」って自治体が言い出すワケよ。こっちも「オレもミュージシャンだし、やってやろうか」って気持ちになってな。

宮崎では、２０１０年に「がんばっど宮崎」っていう義援イベントをやった。音楽ライブと１万発の花火が目玉でな。想像以上に盛り上がってよ、オレも調子に乗って「口蹄疫で殺処分された県有種雄牛の数が戻るまでやる」と約束しちまったんだ。結局、イベントは牛の数が元の水準に戻る２０１６年まで続いたな。

熊本ではオレが発起人となって「阿蘇ロックフェスティバル」っていうのを始めた。阿蘇山噴火の風評被害の払拭を目的にしてよ。２０１５年に始まった。地元のヤツらも盛り上がってよ、でかい音楽イベントに育ったんだ。

１回の募金で終わりなんて、寂しいじゃねえか。毎年、現地へ行こう！

ボランティアよりデートを優先しろ

ひと昔前に比べると、日本でも少しずつチャリティーの意識が浸透してきてると思う。最近は若いヤツらが積極的にボランティア活動に参加するようになった。高校生んだ。

すげえことだよな。現地の情報を集めるヤツ、物資を管理するヤツ、それを届けるヤツっていうふうに、役割を分担してよ。協力作業のできねえオレには到底無理なことを、10代、20代の若いヤツらがスムーズにやってんだな。

偉いなあって思う。人のために働くなんて、なかなかできることじゃねえからよ。エネルギーを使うしな。その日のために、スケジュールを空けるワケだろ。若いヤツらは遊びたいし、いろんな欲望を抑えなきゃなんねえからな。

でもよ、ボランティアって押し付けられてやるもんじゃねえ。遊びに行く予定があったら、遊びに行け。自分のスケジュールを優先してな。どんな災害があろうと、どんな戦争が起ころうと、大丈夫なヤツは、大丈夫な生活をしてほしいんだな。そうじゃねえと、世の中が喪に服したように、暗いムードになっちまう。被災地にだけ金が落ちても、ダメなんだ。

ボランティアのヤツらの活動は、いいことには違いねえんだけど、だからと言って「あなたもボランティアに励みなさい」っていうメッセージになっちまってはヤバイんだ。善意の強制ほど気持ち悪いものはねえだろ。

遊ぶ予定があれば、遊びを優先しろ。デートの予定があれば、デートへ行け。せっかく漕ぎつけたデートの予定、これを逃すともうチャンスはないかもしれねえ。その女の子は、お前の運命の相手かもしれねえんだから。

ボランティアは素晴らしい。だけどよ、修行僧になってまでやるもんじゃねえ。

チャリティーはひとりでやる

偉そうに言ってるけど、オレも最初は考え違いしてたんだ。チャリティーに多くの人を巻き込むことが正解だと思ってた。善意を他人に押し付けて、「正しいことだから、お前も参加しろ」ってな。

奥尻島の災害の後、スーパーバンドを組んで、前にも書いた「日本をすくえ」っていうチャリティーコンサートをやった。オレが知り合いのミュージシャンに電話をかけ、「出演してください」って頼んだんだ。でもよ、向こうは相当迷惑なことだっただろうな。

だってよ、震災の支援っていう大義名分があるから、電話が来ちまったヤツは断るに断れないだろ。断ろうと決めても、断り方を考えなきゃいけねえしな。断ったら断ったで、「アイツは協力しなかったんだ」っていう話が広まってダメージを受ける。そういう噂って、今やネットですぐに拡散するからな。

「日本をすくえ」には錚々《そうそう》たるメンバーが集まった。募金もたくさん集まって、大成功したって言えるんだけど、オレはモヤモヤしちまってな。調子に乗って、間違いを犯したんじゃねえのかってな。

で、決めた。チャリティー活動はひとりでやる。誰にも頼らずに、自分ひとりで責任を負える範囲で行うってな。来る者は拒まず、去る者は追わずの精神でやっていこうじゃねえかって。

だから今は、オレがミュージシャンを巻き込むことはしねえ。コンサートをやる自治体が、「ご当地ミュージシャンのあの人を呼びたいんすよね」って言い出したら、「いんじゃねえの。じゃあ、自分たちで交渉しろよ」って言い返す。「えーっ、できませんよ。泉谷さんから声をかけてくださいよ」とお願いされるんだけど、断る。「オレを当てにすんな。オレはただの通りすがりなんだから」ってな。

通りすがりで、ひとりでやる。これがオレのチャリティーだ。現場で知り合って一緒に行動するヤツらはいるよ。でも、ソイツらに仲間っていう感覚はない。

前によ、オレのスタッフがチャリティーで集まった募金をこっそり抜いていたことがあったんだ。それも結構な額をな。

「これは犯罪行為だろ。お前なんか、人間以下のクズだ。くたばれ!」ってな。ブチ切れて、クビにしたんだ。もちろん金は返してもらった。

そういう時って、仲間意識って感情は邪魔になる。「お前の気持ちもわかる。今回は目をつむる」って、情が入っちまうんだよな。

でも、チャリティーには、そんな安っぽい仲間意識は、みじんも必要ねえんだ。チャリティーをやる以上、お互い、チャリティーのプロでなければなんねえ。そういうワケでな、チャリティーに仲間はいらない。腕っぷしの強いチャリティーのプロと、一緒にやるだけなんだ。

偽善仲間、さだまさし

人を巻き込んだり、つるんだりはしないようにしてるんだけど、でも、人は寄ってくんだな。ありがてえことだ。「今度のチャリティーコンサート、自分も参加させてください」って、頭を下げてくるヤツが多いんだ。

チャリティーコンサートに出てくれるミュージシャンには、きちんとギャラを払っている。「チャリティーのクセに、出演者はギャラをもらっているじゃねえか」って言い出すバカヤローがいるけど、金を払うのは当然だろ。プロがプロの仕事をする時は、敬意を持って金を払わねえとダメなんだ。

お前ら、建設会社に「今回は被災地へのチャリティーだから、タダで道路工事をしてください」って言うか？　それによ、ミュージシャンのギャラはすべて自分のものっていうワケじゃねえ。事務所のスタッフの給料やら経費やら、そこから出てるんだ。少し考えれば、ギャラが支払われて当然だとわかるだろ。

それで、金をもらった後は個人の自由だ。「今回はチャリティーなんで、ギャラは辞退します」とか、「ギャラの全額を寄付します」とか、ミュージシャンそれぞれの判断になってくるワケ。それは、オレが口を出すことじゃねえ。

これまでたくさんのミュージシャンとチャリティーで関わったけど、いちばん気が合ったのは、さだまさしだな。アイツは「風に立つライオン基金」っていう公益財団法人を立ち上げて、災害地支援を組織的に行っている。日本だけじゃなく、アフリカとか東南アジアでも、活動しているんだ。

協調性のねえオレとはやり方は違うんだけど、考え方は似ているんだ。さだは、オレの「一日一偽善」とか「通りすがりでひとりでやる」っていうのをすごく気に入ってくれて。それで、アイツが主催するチャリティーコンサートに「出てくれ」って頼まれるワケだ。

さだは、オレと違って金にウルサイ。「これだけの規模のチャリティーコンサートを開いたら、このくらいの金額を集めなきゃならない」って、細かく目標を立てるんだ。で、金が集まったら、きちっと数えて、現地に届けに行こうって言い出す。とにかく、きっちりしてるんだ。

オレなんかは、チャリティーコンサートが終わったら、それで満足しちまう。無事に終わったからよ、みんなで昼食べに行こうぜってな。さだは、最後まできっちりと役割を果たす。偉いヤツだな。

まあ、人間だから性分が違うんだけど、オレはさだのそういうところが好きだな。何よりも、さだは本当に明るいし。被災地に行ったら、みんな喜んでくれるんだ。アイツは金にウルサイけど、結局は金じゃないんだな。純粋に、気持ちを寄せてくれるのがうれしいんだ。

ボランティアだから何を歌おうと勝手だろ

さだまさしと違って、オレは好き勝手にやっている。チャリティーコンサートだからって、いつものライブと何も変わりはねえが、自分の歌をとうとうと歌い上げるって〜のもなァ。

チャリティーコンサートの客層は幅広い。子どもからジジババまで集まって、昭和の頃みてえだ。小さな子どももいっぱいいるけど、オレは『マリファナを知らない子供たち』を歌ってやる。ジローズの『戦争を知らない子供たち』の替え歌な。それに『覚醒剤の喫茶店』。これはGAROの『学生街の喫茶店』の替え歌だな。「ここから先はヤバイ歌を歌うから、子ども連れは帰れ」とか、「子どもの耳、ふさいどけよ」って言ったりしてな。

チャリティーコンサートって、だいたい持ち時間が1アーティスト30分なんだ。短いから、誰もが知っている歌の替え歌のほうがスパッとわかりやすい。子どもたちも喜んでくれて、盛り上がるワケよ。

でも、それをおもしろく思わないヤツもいるんだな。特にオレのファンで、遠くからわざわざ見に来ているヤツ。「替え歌じゃなくて、自分の歌をちゃんと歌え」ってな。「チャラチャラやってんじゃねえぞ」って、怒り出すんだ。

こっちも頭来て、「ボランティアで、タダでやってんだから、勝手だろ」って怒鳴り返す。「ふざけんな」って言って、「テメエこそ、ふざけんな」って言い返して。まあ、それで会場はさらに盛り上がるワケだ。

最後には必ず『春夏秋冬』を歌う。みんなが一緒になって歌ってくれると、オレもグッときてしまう。入場無料のチャリティーコンサートでも、オレはプロだから、ヤジ馬どもに喜んでもらいたいんだ。

被災者は弱者じゃない

チャリティーコンサートでは、怒りだろうが、喜びだろうが、お客さんの感情が少しでも元気になってくれればいい。こっちは励ましに行っているんだから。でも、被害に遭ったヤツらを被災者扱いする気はない！

日本って、「被災者はこうでなければいけない」のような決めつけが強い。肩を落として、困った顔をして、食うものもないみたいな顔してねえとダメなんだ。ずっと普通の暮らしをしてたのに、災害に遭ったっていうだけで、急に弱者扱いになるのだ。

その人は被災者になりたくてなったワケじゃねえだろ。全国の人にかわいそうって同情してほしいワケでもない。みんなと同じように、普通に過ごしたいんだ。でもよ、日本人は被災者を傲慢に上から見下しちまう。気の毒な人たちってな。

被災者は、普通のヤツらだ。だからオレは、チャリティーコンサートの冒頭で宣言すんだ。「オレは、お前ら誰一人、被災者扱いしねえからな」って。そう言うと、みんなうれしいんだな。それまで暗い顔してたのに、大声で笑いやがる。

被災者は何も悪いことをしていねえんだから、好きなように生きて、好きなことをやればいい。パチンコに行きたいなら、パチンコに行ってこいよ。ソープランドに行きたいなら、行けよ。

で、コンサートで言っちまうんだ。「大丈夫なヤツは、今夜エッチしておいで」って。それでまた、子どものいるお母さんとか、うっせえヤツから怒られるんだがな。

知ったことか。

社会貢献でイメージダウン

オレは歳を食ってから社会貢献っていうのを始めたワケだ。そこに、反感があるのはよくわかる。反骨の団塊の世代として生きてきたんだから。そのキャラのおかげで音楽の世界で成功できたし、役者をやらねえかって誘いも来た。「泉谷って、あぶねえヤツだ」は商標でもあったのだ。

で、社会貢献を始めて、与える印象が正反対になっちまった。仕事のヤツらは、「泉谷さん、イメージアップしましたね」って言ってくる。お前、それは違うだろ。オレは暴れん坊で成功してきた。今までのファンからしたら、完全なイメージダウンだろ。

そして、昔からのファンが離れていった。「泉谷ってそんなヤツだったのか。社会貢献、ふざけるな。偽善じゃねぇか」ってな。ファンを失うのは寂しいが、そういう反応もあるだろうとは想像していた。

予想してたから、そんなに落ち込んじゃいねえ。それより、「いい人」って言われることが、想像以上に気恥ずかしいんだ。歳を取ったら、本来の自分が出ちまうんだ。気の弱さや人の良さがよ。テレビを通してだって伝わっちまう。隠しようがねえんだ。

潔く、イメージダウンを受け入れることにした。キャラを磨いてできた「泉谷しげる」から、本当の「泉谷しげる」へ。若い頃に散々迷惑をかけた社会に、少しでも罪滅ぼししようってな。でも、死ぬまで強がってもいたい。社会に役立ちながら、「バカヤロー」を言い続けたいとも思ってるんだ。

第5章　厳しい時代を生き抜くためのキャラクター

コロナの時代に新しい夢物語を

北海道の奥尻島から始まって、全国各地でボランティア活動を続けてきた。壊滅的な被害を受けた光景を目の当たりにしながらな。ショックを受けて今でも思い出す風景はいっぱいある。特に、1995年の阪神・淡路大震災は、今も光景が目に焼き付いて離れねえ。

神戸のメリケンパークで救済ライブをやろうとしたんだけど、地面が波打って割れて、ブロックがひっくり返ってる。ライブをやる許可がなかなか下りなくてな。「この状況では無理ですね。ほかにライブができる会場を手配しますから」と言われたけど、メリケンパークでやらねえと意味がないと思ったんだよな。

それで、スタッフみんなで、地面やブロックを直した。穴があいている地面を土で埋めてな。消防の訓練も受けたんだ。最終的にはライブを開催することができて、1万人の客が集まってくれた。いやあ、あれは本当にしんどかった。

ただ、そういう力業《ちからわざ》でなんとかなるものって、頑張りようがあるんだ。目に見えて、きれいになっていくからよ。でも、コロナウイルスの流行は、まいったな。ウイルスは目に見えないだろ。感染者がどのくらい増えて、今後どうなっていくのか誰にもわからねえんだから。見えないものの恐ろしさっていうのを、嫌というほど感じたな。

コロナウイルスの影響で、ミュージシャンはぱったりと仕事がなくなった。コンサートもイベントも、何もできねえんだから。ミュージシャンっていうのはスケジュールがないと、働かない。オレだって締め切りがあるから曲を作るけど、期限がなかったら、そんな面倒なこと、絶対にやらねえよ。レコーディングやライブの予定があるから、嫌々でも曲を作るんだ。ミュージシャンは自分から動くことはない。だから、食えなくなったヤツがいっぱい出てきて当然だったんだ。

最も影響を受けたのは若いヤツらだな。こんなひどい目に遭った記憶って、今までないだろ。学校にも行けず、アルバイトもできない。年寄りとは違って、貯金だって、たかがしれているだろうしな。若いヤツらが暗いと、社会全体が暗くなっちまうんだ。

オレの意識も変わったな。オレは、チャリティーコンサートとか救済ライブとかを被災地で開いて、社会貢献を続けてきた。もちろんそうした社会貢献は重要だけど、コロナの時代なんだから、もっと違うことができないかなってな。暗く、厳しい時代だからこそ、みんなを明るくするような新しいものをやりたい。それで、思った。今こそ、ファンタジーが必要なんじゃねえのかって。

それも、新時代のファンタジーで、若いヤツらが夢を持つようになって、そして食っていければ最高じゃねえか。

オレは、ファンタジーの世界を作り上げると決めた。最後にもう一回、武士に戻って勝負してやるぞってな。

武士として戦う。それが今のオレの生き方であり、「コロナ時代の泉谷しげる」ってキャラクターなんだ。

サバイバル時代を生き抜く知恵と意識

コロナが流行する前までは、普通にやっていれば、生きられた時代だった。嫌々でも仕事に行けば給料がもらえたし、ほとんどの人は雨風をしのいで暮らせる場所があったワケだろ。それが、ここ数年で状況が一変したワケだ。

コロナウイルスの恐怖だけじゃなく、世界情勢が不安定になっちまった。ロシアとウクライナでは戦争が始まって、たくさんの難民が出ているワケだしな。

その嫌な流れが、いつ日本にやってくるかわからねえ。中国と台湾の関係だって、何か起こりそうな気配だ。日本が戦争状態にならない保証なんてどこにもないだろ。日本が攻撃を受けて、多くの日本人が難民になっちまうってことも、十分に考えられるんだ。

もしも、日本人が難民になったら、どうする。長いこと、平和と便利に慣れちまってて、サバイバル生活なんかできやしねえ。最近は、キャンプがブームになっているようだけど、オレに言わせりゃあ、あんなのキャンプじゃないんだな。サバイバルとはかけ離れた優雅なリゾートライフってヤツだ。

オレがガキだった頃は、サバイバル生活のためのノウハウを教えられたんだ。学校でも習ったし、親父にも鍛えられた。着火剤がなくても火をおこす方法とか、ヘビでも食う方法とか。子ども向けの雑誌にも、そういう記事が載ってたんだな。

そんなの前時代的だって言うヤツもいる。でも、もしもお前がウクライナの難民みたいになったら、どうすんだ。自分で火くらいおこすことができなきゃ、何も食えねえじゃねえか。

便利な生活に浸かり過ぎると、「生きるチカラ」が薄まっちまう。生き抜くためのアイデアが出てこなくなる。そうなったら、いざという時に路頭に迷うだけだ。だから、サバイバル時代を生き抜く知恵と意識だけは持っていてえ。そういう時代にならないほうがいいんだけど、「なるかもしれない」っていう気構えだけはしておかないとな。

サバイバル時代でも生きていける頭と体と心を、鍛えておくべきだ。

「生きるチカラ」を教えてくれた親父

オレのサバイバル精神の原点は、親父の教えだ。親父は大工で、いつも酔っぱらっていてさ、自慢話ばかりしていた。

「オレは、すごい大工なんだぞ」とか、「日光の眠り猫を作ったのはオレなんだ」とかな。そうしたらおふくろが、「アンタ、眠り猫を作ったって言ったって、アンタが作ったの枠だけでしょ」って言うんだ。もう、漫才みたいだ。

まあ、昔の父親ってどの家もそうだったんだろうけど、自慢話をしたいんだよな。自分の子どもとか、親戚とか、近所の人にもよ、自分を偉く見せたいワケだ。特にうちの親父は、身長が足りなくて、戦争に行けなかったという負い目があった。そのせいでコンプレックスが強くてな。自慢話が多いのは、その影響があったのかもしんねえな。

そんな親父だけど、オレは大好きだったんだな。自慢の親父でよ、「偉いなあ」「素敵だなあ」って、いつも感じてた。

オレの親父は「生きるチカラ」にあふれているんだ。生命力が強いっていうか、でかい事故とか騒乱に巻き込まれても、生きて帰ってきそうな気がしたんだな。

で、親父本人も「生きるチカラ」っていうのを、すごく大切にしていた。幼いオレに向かって、「どこででも生きていけるチカラを身につけないとダメだろ、コラッ」っていつも言っててな。それで、休日になると、竹の割り方とか、薪の割り方とか、熱心に教えてくれるんだ。

親父の薪づくりってのは、本当にうまいんだ。スパンスパンッて、木がきれいに割れていく。パチンコもうまいんだ。パチンコって、パチンコ玉を打つ遊びじゃなく、ゴムがついていて石を飛ばすヤツ。それを使って、木の上のスズメをパンッと撃つワケよ。落ちたスズメは焼いて食う。スズメってめちゃめちゃうまくてさ、ガキの頃は喜んで食ったな。

それで、オレも撃ち方を親父に教えてもらって、スズメを狙うけど全然命中しない。親父が「ちょっと貸してみろ」って言って、パチンと弾く。たった一発で、スズメを仕留めちまうんだな。

今の時代に、そんなことやったら大問題だろうけど。でも、サバイバル時代になったら、生き残る術になるかもしれねえ。自分で食糧を確保して、飢え死にしないチカラにな。親父には感謝してる。今のオレには、何をやってでも生きてく覚悟がある。

男なら一度、野宿するべき

オレは確実に、親父の血を受け継いでいる。ガキの頃から野性の血が騒いじまって、サバイバルに繰り出したんだ。

デビューする前に、ヒッピーに憧れて路上生活に挑戦した。「書を捨てよ、町へ出よう」って意気込んで。寺山修司の本のタイトルそのままなんだけどな。ホームレスのように新宿や渋谷あたりをウロウロするんだ。

夜になったら、路上で寝る。２日、３日、続けてな。ガタガタ走る電車の音や、繁華街の猥雑《わいざつ》なざわめきって、いいもんだ。うっせーけど、ワクワクしちまうんだ。

朝起きると、思った通り、すっげえ達成感。憧れのヒッピーに近づけた気がしてな。

ガキの頃って、押し入れや犬小屋に憧れるだろ。あそこで一回、寝てみてえって。オレは押し入れでも犬小屋でも寝たけど、路上は比べ物にならねえくらい充実感があるんだ。「オレは路上で寝た。これでなんでもできる」って、自信が満ちあふれてくるんだ。

路上生活がうれしくてよ、いろんな人に自慢した。警察に補導されそうになったとか、目黒から恵比寿まで公園を泊まり歩いたとかよ。「どうだ、オレ、ヒッピーみたいだろ」ってな。

バカにされただけだった。「お前、ヒッピーみたいって言ったたって、目黒から恵比寿まで移動しただけだろ」って笑われてな。まあ、確かにそうなんだけど、若いオレには限界ギリギリの大冒険だったんだ。

オレは「野宿してみろ」とすすめているワケじゃねえ。ただ、人間はいつもの流れに逆らってこそ、鍛えられるって話だ。魚が川を上るように、時には意識的にだな、ぬくぬくとした環境から抜け出てみるのも必要なんじゃねえか。

男なら一度でいいから、野宿してみろ。

食べ物、廃棄してんじゃねえ

最近、いちばん頭に来ているのが、食糧問題だ。地球上では人口が増え続け、２０８０年にピークに達する。これまで以上の食糧難の時代がやってきちまうっていうのに、日本人の食べ物に関する意識は低過ぎだな。

東京オリンピック・パラリンピックで、弁当の大量廃棄が問題になっただろ。作ってから2時間で廃棄するっていう決まりがあって、大量に捨てられた。冗談じゃねえよ。2時間で食いものは腐らねえって。2時間なんて、作りたての範疇だ。料理人、悲しそうに泣いていたじゃねえか。

この間、家の台所から、賞味期限の切れたビン詰めが出てきた。ラベルを見ると、2年前に賞味期限が切れちまっている。でも、オレは、食った。まったく何ともなかったな。味はマトモだったし、健康への影響なんか、ひとつもなかった。

別にそれが正しいと言っているワケじゃねえ。よい子のみんな、真似しちゃダメだからな。オレが言いたいのは、自分で食ってみて、まだ大丈夫か、食べねえのがいいのか、見極めるチカラを身につけろってこと。それが、生きるチカラのひとつだろ。

コンビニエンスストアが増えて、生活が便利過ぎるようになっちまった。便利なのはいいんだけどよ、便利過ぎるのがダメなんだな。日本人は腹が減ったら、すぐに食いものが手に入ると思っている。

それで、コンビニはお客さんに文句を言われないように、24時間、必要以上に弁当を揃えておくだろ。当然、売れ残りが出る。残った弁当は、廃棄。この流れをいったんストップしないと、世界は終わっちまう。

コロナウイルスが気づかせてくれたことは多いんじゃねえの。無駄なシステムがなくなった。オレがよかったって思うのが、テレビ局の弁当が自分持ちになったってことだ。

収録の時って、今までは弁当が出てくるのが当たり前だった。でも、今は「自分で持ってきてください」って言われることが多いんだな。

テメエ持ちの弁当。コロナの感染防止のために、人と人との接触を減らそうと始まったことだけど、ずっと続けてほしい。食べたい量だけ、自分で用意して食べれば、どれだけ廃棄を減らせるのか。前々からこうだったらよかったのに。

弁当はテメエ持ちの時代だな。

コロナのおかげでつまらない会食がなくなった

音楽業界って、私生活が派手に見られるだろ。実際、夜遊びやパーティーが好きでたまんねえってヤツが多いからな。けどよ、話題づくりに、あえて過剰にやっていたところもあるんだ。

酒と女におぼれて、パーティー三昧。で、高級な服着て、高いメシ食って、シャンパン開ける。オフ生活のイメージづくりのためなワケだ。

オレは酒が苦手だったし、高級な料理っていうのも性に合わなかった。スポンサーの偉いヤツや、大物の俳優に誘われて、有名レストランに何度も行った。でも、何がおいしいのかさっぱりわからなくてよ。

特に懐石料理はさ～、全部柔らかく煮たり、上品に薄く切ったりで、全然歯ごたえがねえんだ。コイツは老人の食べ物かと思っちまった。

金持っているヤツは、そういう料理を食うのがステータスだと思っているんだな。豪華なレストランでメシを食う自分に酔いしれる。そういうのが好きなら、自分ひとりで食ってればいいのに、会食しようって言い出すんだ。ヤツらは人を呼ぶのが好きなんだ。そんなの、いなかっぺの見本なのにな。

そういうヤツらとメシを食っても、話がちっともおもしろくねえ。自慢話を延々と聞かなきゃなんねえから、うっとうしいだけだ。

ヤツらは、自分を偉く見せることに必死なんだ。それで、音楽にも深い理解力があるような顔をしてさ、「私は音楽に関しても、キミと対等に話し合えるぐらいの人物ですよ」っていうことを言いやがる。

延々と自慢話を聞くのも面倒くさいから、最初から「バカじゃねえの、お前」って言っちまう。相手はそんな言い方された経験なんかねえから、ポカンとしちまってな。

うちの親父も自慢話ばかりしているヤツだったから、男ってそういう生き物だよなとしか感じねえけど。男なんて、見栄っ張りの生き物だろ。高級な服着て、高級料理食って、「オレってすげえだろ」って自慢話をする。女は「あなたって素敵ね」って言うけど、腹の中じゃあ、「オメエ、ダサ過ぎだろ」って舌出してる。まあ、そのおかげで、高級レストランや高級クラブが営業していけるワケだ。

コロナが流行して、つまらない宴会や会食に行かなくてよくなった。本当にありがてえ。誘いを断りやすくなったからな。

「こういう時代ですから、会食は遠慮することにしておりまして」

そう言って断ると、「思慮深くて、素晴らしいですね」って褒められる。時代は、変わったな。「来てくれてありがとう」じゃなくて、「断ってくれてありがとう」だもの。断ることが、逆に評価されちまうんだ。

これをいい機会に、見栄っ張りの宴会や歓送迎会は、もうやめたね、オレは。食いものの無駄を減らせるし、健康にもなる。高級料理が好きなヤツって、たいてい腹出てるからな。

コロナ禍を機に、古い慣習は捨てるべきだな。

とは言え……さんざん言ってきたが、高級料理はやはりおいしいのだ！　つまり嫌なヤツと食べると味がしないだけで。高級料理は楽しいヤツと食べよう。

水を買わないですむようになりたい

食品ロス、食品ロスって騒ぐけど、食品のロスとともに、エネルギーも相当ロスしてんだ。料理を作るには、電気やガス、水道が必要だろ。容器を作るのにもエネルギーがいる。弁当をコンビニやスーパーに運ぶにもガソリンが必要だろ。で、売れ残りを処分するためにもエネルギーを使う。お前ら、そのひとつの弁当にどれだけのエネルギーが使われているか、想像してみろよ。

まずは、ペットボトルに入った水を買うって行為をやめないと。旅先で買うっていうのはまだわかる。でもよ、自分の家で、なんでペットボトルに入った水を飲まないといけねえんだ？

水道水って、昔はまずかった。消毒剤のニオイが強くてな。でも、今の水はおいしい。これが飲めねえって言うんだったら、世界のどこにも行けねえんじゃないか。

オレは食器を洗う時に、なるべく洗剤を使わない。ご飯茶碗とか、味噌汁の椀とか、皿とか、水洗いで十分じゃねえの。客に出すならともかく、自分で使うんなら、ちっとくらい汚れていたって問題ないだろ。全部が全部、洗剤のシャボンをガッツリつけて洗う必要はないんだ。

そうしたな、ちょっとした心がけの積み重ねで、状況は変えられるじゃねえか。地球に負荷をかけないように、みんなで少しずつ、頑張っていかねえか。

オレがガキの頃は、お金がなくて貧乏だった。今は、お金はあるのに、貧乏な生活を志す時代だ。

意識高いがゆえの貧乏。つまり、清貧ってことだな。地球のために、あえて貧乏をする。それって、カッコいいんじゃねえ？

ニュー貧乏の時代だ。ニュー貧乏時代到来で、いいじゃねえか。

16時間おきの食事で快調

地球のためにニュー貧乏暮らしを始めたら、いろんなアイデアが湧いてくるようになった。貧乏生活って、意外なほど頭を使う。「ここで無駄を省けるんじゃないか」とか、「こういうやり方をすれば節約できるかもしれない」って考えるからな。

検証するチカラも身につく。「大丈夫かどうか、試してみよう」ってな。

アメリカの学者が、「食事と食事の間隔は16時間空けたほうがいい」って言っていた。それで、試したんだ。オレ自身が実験台になってやろうってな。

で、やってみたら、学者の言う通りだ。16時間間隔の食事だけで十分なんだな。最低16時間空けるってことは、1日に1食か2食になるだろ。初めは体がもたねえんじゃねえのって、半信半疑だったんだけど、すごく快調なんだ。16時間経つとちょうどいいくらいにお腹が減ってきて、ガッツリ食べても太らない。

オレは太りやすい体質で、若い頃から食べ物に苦労してきた。ファンは太っている泉谷しげるなんて見たくないだろ。

それが16時間おきの食事にしてから、体型がまったく気になんねえ。太らないから、気にする必要がないんだな。

体調がいいと、頭のキレもよくなるんだな。思考の体力がつくって感じだ。長時間考えても疲れないし、新しいアイデアも湧いてくる。

これからは、アイデアの時代だ。生きていくために、新しいアイデアを出して、生活を継続していかなければならないんだ。物価が上がって困ったって、愚痴を言っているだけじゃ、どうにもならねえ。もっと節約する方法とか、もっと金を稼ぐ方法とか、アイデア勝負で生きていこーぜ。

オレも、いろいろ考えた。ニュー貧乏時代に何をやったらいいのかって。地球や人類のためになって、オレも夢中になれるものってな。それで、ひらめいた。新しいロックフェスティバルをやってやろうじゃねえかって。

新しいロックフェス、テーマはSDGs

コロナ禍でロックフェスのスタイルが大きく変わった。コロナ前は客を詰め込んで儲けようって考えてたけど、今はそれより安心、安全が優先されるようになっちまった。つまりは、客席を半分くらいにして、ゆとりを持たさなきゃなんねえ。客同士が押し合い圧《へ》し合いってのとは、もう時代が違うんだな。

じゃあ、主催者はどうやって儲けんのって話だ。客が半分だから、売り上げも半分になる。そのままじゃ、やっていけねえ。

そもそもロックフェスってのはな、儲からねえ商売なんだ。雨天で中止になったら赤字になるし、お客さんが熱中症で倒れでもしたら、賠償問題が起きるかもしれないだろ。裁判になったら、たいへんだよ。スポンサーが離れちまって、もう二度とイベントは開催できないかもしれねえんだ。

だから、「お客さん半分、売り上げ半分」では到底やっていけないワケだ。だからって、チケット代を倍の値段にしたら、客は入んねえだろ。ただでさえ、物価は上がりまくっているんだから。

で、どうしたらいいのかって考えた時に、売り上げの足りない部分を自治体や地元の優良企業に出させようって思った。要するに、「ＣＭ代ちょうだい」ってことだ。ロックフェスを、自治体や地元の優良企業のＰＲの場にしてもらおうっていう発想なんだ。

自治体や地元の優良企業が何をＰＲするのかって言うと、それはＳＤＧｓだ。そう、ＳＤＧｓ。「世界を変えるために大切な、持続可能な開発目標」っていうヤツよ。オレも数か月前に覚えた言葉なんだけど、そのＳＤＧｓをロックフェスのテーマにするワケだ。

つまりな、新しいロックフェス自体がエコロジーだ。「従来のロックフェスに比べて、客席数は半分で、安心、安全、快適に過ごせます。二酸化炭素の排出量も少なく、地球環境にもやさしいです。でも、音楽は存分に楽しめます。これからの時代にふさわしいロックフェスティバルです」って謳うんだ。

で、自治体や地元の優良企業が「この新しいロックフェスを主催しているのは私たちなんです」って言うんだ。自治体や地元の優良企業のイメージがぐっと上がるのは間違いないだろ。

自治体や企業の広報活動に、これ以上いいものはねえ。だから、「ＣＭ代ちょうだい」ってことなんだな。

年寄りのチカラ、若いヤツのチカラ

新しいロックフェスを、すぐにでもやりてえと思ってな。２０２２年の９月に北九州で開催したんだ。

本音を言うと、できることなら若いヤツらに先頭切ってやってもらいたかった。でもな、やっぱり旗振り役は今はオレがやるしかねえだろ。

だって、交渉する相手は自治体とか、地元の有力者とか、議員とかだろ。30歳くらいの若いヤツが出向いたって、軽くあしらわれるだけなんだな。

そういう厄介なところには、年寄りのチカラを使ったほうがいい。経験値という、年寄りのチカラだ。オレなら、「何言ってんだ、バカヤロー。お前らが住んでいる街のことじゃねえか。少しは協力しろよ」って、言い切れる。オレだって、だてに歳食ってんじゃねえんだな。

で、細かいところは若いヤツらに働かせる。会場づくりとか、プログラムのデザインとか、お客さんへのもてなしとかな。細かい仕事はオレより、若いヤツらのほうが向いてるんだから。

そうやって、年寄りは年寄りの仕事、若いヤツらは若いヤツらの仕事って、うまく役割分担できれば、いいんじゃねえか。日本はもっとよくなっていくはずだ。

年寄りってよ、すぐに「今の若いヤツらはダメだ」って言うだろ。そうじゃねえだろ。若いヤツらを使えないテメエが悪いんじゃねえか。若いヤツらのほうがうまくできる仕事は、いくらでもあるのによ。

それで、若いヤツらも頭に来て、「年寄りって使えねえよな。老害は黙っていろ」って言い出す。だから、何か新しいことを始めようとしても、世代で分断されちゃうんだな。

年寄りと若いヤツらが、うまくつながっていく。それもSDGsだと思うんだ。

旗振り役は部外者がいい

新しいロックフェスを開催する時に、いちばん重要になってくるのが根回しなんだ。公共の場所とか施設を使ってやるワケだから、ある程度、強引な手を使ってでも進めないと、動き出さないんだ。

それで、根回しするんだ。自治体とか、議会とか、地元の有力者とか、決定権のありそうなところを駆けずり回ってな。時間を省くには、直接交渉がいちばんなんだ。

で、地方都市っていうのは、だいたい昔ながらの派閥がある。こっちの派閥が賛成することには、とりあえず反対しておこうっていう逆の勢力があるんだな。バカみてえだけど、それが地方都市の実情っていうものだ。オレは、各派閥の勢力争いの真っ只中に飛び込んでいくワケだから、そりゃあ、いろいろと苦労や面倒があるさ。

でも、オレみてえな部外者だからできることだって思うんだ。しがらみがないからな。

で、オレは、街の人間じゃないっていう部外者の強みを生かして、強引に行く。各派閥が勢力争いやっているところに、「オラー、テメエら」って乗り込んでいって、「金出せ」って言う。向こうからしたら、「えれぇのが来ちまった」みたいな感じ。でも、強引だから、話を聞いてくれる。このまま放っておいたら、もっとえれぇことになりそうだと思っちまうワケだ。

そんなワケだから、部外者のオレは旗振り役に適任なんだ。

新しいロックフェスという事件を起こす

以前、「阿蘇ロックフェスティバル」を北九州にそのまま持っていって、開催したことがある。その時は、お客さんがあまり入らなくて、周りから「今回は失敗だったな」って言われた。でも、いい縁もできたんだ。

若くて頼りになるヤツと知り合って、今回のロックフェスでもソイツが精力的に動いてくれた。旗振り役はオレがやって、現地にそういう実行隊長みたいなヤツがいるのは、本当に力強い。

ただ、北九州って、本当にイメージがよくねえんだよな。以前は暴力団の拠点があって、銃撃事件なんかも起きただろ。「北九州は修羅の国」なんて言われてるしよ。ヤクザの街っていうイメージが残ってる。北九州に近い福岡市の人間でさえ、「北九州って、あそこ、ヤバイんじゃないの」と言っちまうくらいだからな。

北九州は偏見を抱かれ続けている街だ。だから、その偏見をなくすために、こうした新しいロックフェスをやっていきたいって思いもあった。いったん作り上げられたイメージっていうのは、なかなか変えられるものじゃねえ。でも、やらないと、何も変わんねえ。

でな、そのヤクザの街っていうイメージのせいで、イベンターとか芸能事務所の反応もよろしくねえんだ。「北九州でやるんだったら、うちのタレントは全部出さない」って言われた。

「お前さ、古いイメージにいつまで縛られているんだ」って言い返すんだけどな。まあ、なかなか納得はしてくれねえんだ。

ただな、オレはそのくらいの偏見があったほうが燃える。ようし、やってやろうじゃねえかって。

新しいロックフェスという事件を起こすのに、北九州は最高の舞台なんだ。

オレと宮崎県警の丁々発止

こうしたでかいイベントやチャリティーコンサートでは、警察との交渉がついて回る。開催の許可を取るために、地元の警察に出向くんだ。

警察に行くのは、オレの役割だ。オレ以上の適任はいねえだろ。キャラクターを生かして、警察官相手に丁々発止するのさ。

向こうもそれを期待しているところがあって、喜んでくれるんだ。「おーっ、テレビで見る泉谷と同じだ」ってな。だから、警察官相手に平気で啖呵を切ることができるんだな。

警察官は喜んでくれるけど、開催の許可はなかなか下りねえんだ。宮崎県警との交渉は今でも覚えてる。

2010年に宮崎県で口蹄疫が流行して、牛や豚が殺処分された。で、街と農家を助けるために義援イベント「がんばっど宮崎」っていうのを開催することになったんだ。

でもよ、なかなか警察の許可が下りねえ。開催まで1か月しかないのによ。「口蹄疫の流行が終わったばかりで、まだイベントを行うには早過ぎる。安全が保証されない」と言われちまってな。

どうにもなんなくて、イベント開催を1か月延期したけど、それでも許可が下りねえ。でも、もうイベントを延期するのは嫌だった。街のヤツらも、「こういう時期だからこそ、街を元気にするためにもなんとか開催したい」って言ってな。そりゃ、そうだよ。みんなが口蹄疫を忘れた頃にイベントをやったって、意味がねえもんな。

それで、宮崎県警に乗り込んでいって、署長に直接交渉させてもらった。でもその署長が、なかなか「うん」って言ってくれねえんだ。

話し続けても、交渉は平行線なんだ。それで、「結局のところ、どこが問題なんですか？」って聞いたら、「警備の問題なんだ」って言う。「集まった大勢の観客の安全を確保するために、警察官を配置しなければならない。その調整とプランづくりに時間がかかる」ってな。

会場のみやざき臨海公園では1万5000人とか、2万人とかが集まるイベントをやったことがないんだ。警備を担当する警察官が何人必要なのか、どうやって配置すればいいのか、そういったノウハウがまるでねえんだ。それで、この署長を納得させるのは正攻法じゃ無理だと思って、こう言った。

「1万5000人程度のイベントなら、東京では警察なんて頼りませんよ。10万人っていうのならともかく、1万5000人というのは、警察がいらない規模です。今回のイベントの警備は、協力したいと言ってくれる土地の人と、私たちのボランティアだけで大丈夫です」ってな。

そしたら、署長が「何！」っとなった。

「警察なしで大丈夫だと！　本当にできるんだな。だったら、やってみろよ」って声を上げたではないか。

「できますよ」

「やってみろよ！　何か起こったら、責任は取れよ」って署長が言う。

「それじゃあ、イベントをやらせていただきます。大丈夫です。もちろん、責任は取りますから。警察の人は来たければ来て、弁当食ってくれりゃいい。弁当を用意しておきますから」

そう言ったら、イベントの当日、警察官が本当に弁当食べてたのには笑った。

物事を成し遂げるには勢い

宮崎県警の署長には、義援イベントが終わった後にも会ったんだけど、「泉谷さんって、おもしろいね」って喜んでくれてた。「仕事に関する相談で、警察官に向かって『警察いらねえ』って言う人、初めてだった」ってよ。

警察とはなんとかうまく収まったけど、宮崎では消防署とのやり取りもたいへんだったんだ。

消防署のヤツが観客の数にうるさくて、「観客が1万5000人を超えたらダメですからね」って。もう何度も「1万5000人は超えちゃいけませんよ」って言ってくるんだ。

もちろん、消防署がハラハラする気持ちはわかる。イベント会場でボヤでも起きたら、叩かれるのは消防署だからな。「そんなイベントにどうして許可なんて出したんだ」って非難されるの、わかってるって。

気持ちがわかるから、オレも素直に従った。「わかりました。１万５０００人は絶対に超えません。１万５０００人じゃなくて、１万２０００人に抑えます」って約束してな。そしたら、イベントに１万８０００人も集まっちまったじゃねえか。

青ざめてよ、これを知ったら消防署、怒るだろうなって。で、イベントの取材に来ていた新聞社の記者に「頼みがあるんだけど、記事では１万２０００人ということにしておいてくれない。お願いだから」と頼み込んだんだ。そしたら、その記者、新聞に「１万人、大盛り上がり」って書いてくれたんだな。

消防署と問題になることもなく、イベントは無事に終了した。

物事を成し遂げるには、勢いだよ、勢い。こっちが、勢いを持って物事に当たれば、意外にできちまうんだ。警察署も消防署も、わかってくれる。反対に、こっちが弱気な顔をしたら、向こうはもっと心配するだろ。「今回はやめておこうか」ってな。

日本には泣き落としって戦法もあるけど、オレは悲愴感に頼るのは好きじゃない。場が暗くなっちまうだろ。特に、救済やチャリティーは、カラ元気とハッタリだァ。勢いでやらないと、おもしろくならんのじゃ。

客の入りはどうでもいい

そういうワケで、北九州での新しいロックフェスも、勢いでやり抜いた。成功すると確信していたからな。だって、今までのとは目的が違うんだから。

これまでのロックフェスは興行だったワケだから、客がたくさん入って、チケットが売れねえとダメだった。でも、北九州のロックフェスは、興行じゃねえんだ。自治体や地元の優良企業がＳＤＧｓを推進するための活動の場。客の入りは関係ねえ。無事に開催できれば、それだけで成功なんだ。

むしろ、チケットは全部売れなくていい。隣の席が空いていて、荷物を置くことができれば、客はもっと快適だろ。お客さんが少なくて、思っていた以上に安心、安全に過ごせましたって喜べばいい。ニュースでも「今回のイベントは客が少なくて、大成功でした」って報じられてな。お客さんの入りが成功かどうかを決めるって感覚が、これを機会に少しでも変わってくれればうれしいんだ。

客の入りがどうでもよくなれば、チケットを売る側だって、楽になる。今までは、スタッフがチケットを売り切らなければいけないって、なかば拷問的に働かされていた。ノルマを課せられてな。で、その日の売り上げを見て、一喜一憂してたんだ。あと何枚ノルマが残っているから、明日はもっと頑張らないといけないって。かわいそうによ。でも今回は、気分が楽だったはずだ。心をすり減らしてまで、チケットを売る必要はねえからな。

そりゃァオレとしては、できるだけ多く客に入ってもらいてえ。生の音楽を楽しんでほしいし、ミュージシャンもお客さんが多いほうが燃えるからな。

でもこうしたフェスを今後もやっていきたい。というワケで、役所、警察署、消防署の方々、どうぞよろしくお願いいたします。

若いヤツら、オレを超えていけ

北九州のロックフェスティバルには、もちろんオレも出た。若いアーティストをいっぱい呼んで、オレは若いヤツらに度を超えたライブを見せつけたんだ。

フェスではいつも「オレの演奏力はどうだ、すげえだろ。倒せるもんなら、倒してみろ」って、ケンカ売っている。まずは若いヤツらに、オレが目の上のたんこぶであるってことを教えておかないとならねえからな。

邪魔なヤツがいねえと、精度は上がっていかないんだな。「よし、アイツを追い抜こう」って気持ちがないと、努力しないだろ。死ぬほど努力して、オレに挑んでこい。「ジジイ、勝負してやる。早くどきやがれ！」ってよ。若いヤツらにはそういうギラギラした根性を見せてほしいな。

でも、オレというハードルは高い。演奏力はかなりのものだし、なおかつ社会貢献もやっているしな。なんたって、オレはハイブリッドのキャラクターだ。覚悟しとけよ。

これからもオレは、今までの限界をさらに超えていく。客に生きるチカラを見せつけてやる。「歳は食っても心は老けない」っていうオレのスローガンを、嫌というほど味わってもらうよ。

自慢じゃねえけど、オレは異常なくらい元気だ。周囲から「泉谷、覚醒剤やってんじゃねえの？」って疑われたこと、何度もあるんだから。やってねーっていうの。

それに今は酒もたばこも一切やってねえ。アルコールやニコチンがスパッと抜けて、余計なものが削ぎ落とされているんだ。若いヤツら、オレを超えていきたいなら、一瞬たりとも気を抜く暇はねえぞ。ちょっと言い過ぎか……。

「性格」は増やせる

10代で音楽の道に進んで、23歳でデビュー。それからずっと、無礼な「バカヤロー」キャラで生きてきた。でもな、40過ぎて社会貢献に目覚めてな。「地球を汚すな」「食べ物を廃棄すんな」って言い始めた。で、今は「バカヤロー」キャラのファンタジーとリアルな社会の両方で生きている。オレはニュー泉谷しげるになったんだ。人間っていうのは、「性格」を増やしていくことができるんだ。生まれついての気弱で、臆病で、みみっちいのも「泉谷しげる」だし、バカヤローばかり言ってる無礼なヤツも「泉谷しげる」。家で食事を作り、被災地を助けてえと思ってチャリティーコンサートをやっているのも「泉谷しげる」だ。人間の根本は変わらねえけど、性格は増やしていけるんだな。

よく、偉い学者とか評論家が、「人生、ブレないで生きていけ」っていうようなことを言ってるだろ。それって、まったくの大嘘だ。歳を取って考え方が変わって、今まで全然興味がなかったことをやったっていいだろ。オレの生き方は、ブレブレだ。1年前には知らなかったＳＤＧｓをテーマにロックフェスティバルをやってんだからな。

今は、性格を増やすっていうことを、素敵だと思ってる。これからどんな性格が増えるか、ワクワクもしてるんだ。

性格が増えれば、スキルも増えていく。オレは70代だけど、今も成長していると思う。料理も洗濯もできるようになったしな。生きるチカラが確実に増えているんだ。

オレは嫉妬心が強くてな。ほかのヤツがおもしろいことをやっていたら、「チクショー、コノヤロー」って思っちまう。若かった頃の自分にだって負けたくねえ。昔より声が出ないって思ったら、腹立つだけだ。

過去の栄光にすがって生きることほど、みっともねえことはない。昔の自慢話は、自分が思っている以上にカッコ悪い。オレは若い時のオレに負けるつもりはねえ。まあ、若い頃よりトイレに行く回数は増えちまったんだけどな。

コロナやら戦争やらなんやらで、生きにくい時代になった。でも、何が起きたって、オレは生き延びる。そのためには、性格をもっと増やしていかねえとな。

自分を疑え

人間は何歳になっても成長できる。そうは思うけど、それは人によってだな。成長できるヤツもいるし、成長できないヤツもいる。

成長できないヤツの典型は、他人に甘えるヤツ。知り合いのタレントが、仕事が減って、こんなことを言い出した。「縁の深いテレビ局に仕事をもらえるよう、人生をかけてお願いする」みたいな。

オレは、「お前、バカじゃねえの。人生なんかかけられたら、テレビ局も大迷惑だ」って言ってやった。

テレビ局とタレントっていうのは、お互いメリットがあって利用し合っているんだ。片方の利用価値がなくなったら、相手にされないのは当たり前だろ。

仕事が来なくなるのは、そのタレントのせい。仕事はもらうだけではなく作るモノである。人に頼るより、生きるチカラを高めて、もっと自分の価値を上げていかないとな。

ミュージシャンもタレントも売れてる時はチヤホヤされるから、自分に甘い。周りが自分に合わせてくれて、居心地がいいからな。特に最近は先輩や周囲に厳しい人がいないから、さらに甘えてる。

今は、若い人へのしつけって、やりにくくてたまんねえ。厳しく怒鳴るとすぐにパワハラだって言われちゃうからな。

そういう時代だから、自分で自分に厳しくするしかねえんだな。「お前さ、そのくらいのレベルで満足して、調子に乗ってんじゃねえぞ」って、常に自分自身に言い聞かせてな。よく、「自分を信じて、もっと自信を持て」っていう言い方をするけど、信じちゃダメだ。もっと自分のことを疑えよって、オレは思うな。

そうは言っても、オレも甘えるタイプなんで、すぐに調子に乗っちまう。昔は、自分が作る曲を「最高傑作だ」って思ってた。たとえ周囲の評判が悪くてもな。

でも、時間が経ってから聴くと、確かにつまんねえ。自己満足ほど、当てにならないものはないんだな。自分のセンスなんて、鵜呑みにしちゃいけねえんだ。

まあ、「自分を疑え」っていうのは、歳を取ったから言えることだけどな。若いうちはそれができねえから、「若さゆえに」って言われちまう。若い頃からそれに気づいていれば、これほどダメなアルバムや駄作は、世に出なかったんだろうけど。

ホントにケンソンだからな。

キャラクターには責任が伴う

キャラが変わってから、周囲のオレを見る目が違う。このオレが、「いい人」呼ばわりされるんだ。女のファンなんていなかったのに、今は若い女が「泉谷しげるって怖いミュージシャンだと思っていたのに、本当はやさしい人なんだ」って言う。若い時は社会に歯向かって、少しでもカッコ悪いことをしなきゃならねえと思っていたのにな。

いい人って言われるのは恥ずかしい。慣れてないからな。ただ最近は「もう70代になったんだから、かわいいじいさんって思われてもいいかな」っていう気持ちはある。気の弱さとか、人の良さとか、隠しようがなくなってきているからな。

チャリティーコンサートを開いた街の役人が、「今回はありがとうございました。泉谷さんの銅像を作りましょうか」って言い出した。冗談まじりだとは思うんだけどな。ソイツは、「泉谷さんの銅像があったら、シャレもきいているし、街が明るくなっていいと思うんですよ」って。

オレは断った。そんなの、恥ずかしいじゃねえか。頼むから、やめてくれよ。

でも、ソイツは引き下がらないんだ。「作りましょう」って、オレを必死に口説いてくる。

勘弁してくれ。オレは言った。

「お前は、本当のバカヤローだな。銅像っていうのは、ハトの糞でベトベトになるじゃねえか。ただただカッコ悪いだろ。それに、そんなもの作る暇があったら、お前んところの道路でも直しとけ。オレの名前なんか、忘れてくれていいんだから」

ソイツが本気で銅像を作りたかったかはわかんねえけど、オレは感じた。なんか愛されキャラになっちまったなって。気恥ずかしいけど、そんなに嫌でもねえんだな、これが。

とは言ってもな、何歳になっても暴れん坊のキャラクターも出していきたいと思ってる。キャラクターには、責任が伴うだろ。オレには社会にたてついて暴れ狂う「泉谷しげる」を応援し続けてくれたファンもいるワケだ。ソイツらのために、責任を取らなきゃいけねえんだな。

ミュージシャンだけじゃなく、作家や画家なんかも同じだ。長年、ソイツが語り続け、描き続けてきた世界を360度変えるのは無責任じゃねえのか。その世界が好きなファンがたくさんいるんだから。今までのキャラクターを大切にしながら、新しいキャラクターを演じていかなければなんねえって、オレは考えているんだ。

結局、オレはファンがいるから頑張り続けることができる。ファンが求めることを、ようしやってやろうって思うワケだ。

フォーライフレコードを辞めて、しばらく音楽の仕事を干されちまった。その時に「やっぱり音楽がやりてえ」って思ってな、フォークからロックに変貌すべく『'80のバラッド』っていうアルバムを作ったんだ。オレはいい出来だと思ったし、関係者の評判はよかった。でもよ、セールス的にはまったくダメだったんだ。しかし、このアルバムは結果的には恵まれたのだ。

一部のファンは「最高のアルバムだ」って喜んでくれた。それで、「泉谷、役者ばっかりやってんじゃねえ。歌を歌え！」って叱咤してくれてよ。ファンの思いが、オレを音楽の世界に引き戻してくれたワケだ。

そうした思いもあるから、これからもファンが見たい泉谷しげるっていうのを大切にしていこうと思う。どこにでもいるかわいいじいさんには、絶対にならねえゾ。

おわりに

いんや〜。

２０２２年は、オレにとっても忘れようがないとんでもない年になっちまったな。戦争は起きてしまうし、新型コロナウイルスの感染はなかなか収まらないし、地球の気候変動はより危険な規模に拡大し続けてるしな。

わが国の経済危機もまた、恐ろしく貧富の差を広げる一方で、どうにもこうにもお先真っ暗のニンゲン世界になってるのだ。

こんな時代にだ、呑気に〝こんなキャラで悪かったな！〟なんて己の自慢話本を出してるバアイか〜と吐き捨てる方も多々いると思うが、この本の副題は「どんな時代になっても生きるチカラを」なのだ。

こんな時だからこそ可能な限り、人々と連絡をとり合い、知恵を出し合いナンとか〝今〟を乗り越えていかねばならないと思ってるしだいなのだ。

したがってこの本ではなるべく他人を糾弾せず、今まで出会ったヒトとのおもしろいエピソードを載せることにした。

〝他人を糾弾する〟を期待した方にはすまないが、糾弾するのは自分だけでいいのでは？　のつもりで、この「おわりに」にていくつか修正したい。

ほんの数行だったが、「酒、たばこ、賭け事、女遊び。なんでもやった」と記したが、ちょっと盛ってしまったかな。実際は、酒はほとんど飲めないのだし、賭け事の才はなく、やってても負けてばかりなのでスグやめてる。たばこはかなり吸ってたが、10年くらい前に完全にヤメた。

その時代の男どもは、どいつもこいつもイッパイ女遊びしたと自慢してたので、オレも便乗して盛ってしまった。

しかし、酒は飲めないのに宴は大好きなもんで、特にフォーライフの時代は、1年以上もほぼ毎日のように朝まで飲み会に付き合ってた。それなりに楽しかったが、無理がたたったか？　1日中、吐き気に襲われる急性胃腸炎になり、入院するハメに。

もう最低のイメージダウンだったよ。

だが、この入院で、自分がまだまだ弱っちいニンゲンである事を再確認したな。フォーライフを辞めた原因のひとつにもなった入院騒ぎだった。

本を出すとなると、過去のことをなにかと盛ってしまいたくなるもンさ〜ってハナシ。

こんな時代を生き抜くためにもサバイバル術を身につけようって記したが、多くの人が〝サバイバル呼びかけられてもなあ〟……だろ。

スマホやネット通販で生活してる都会生活者は、高い金払って安全圏を買ってるンで、遊びで火おこしや、テント張りするのはイイとしても、完全サバイバル生活はイメージできないだろう。

だが、気候変動の影響による被害は年々大きくなってきてるので、遊びでもイイからサバイバル術を身につけてほしいもんだ。

人は簡単には変われないと思うが、依存好き？　の日本人でも、多くの人が健康を気にして、たばこをやめられたではないか。弱いから〝依存〟をやめられるのであって、強いヤツはまったくやめようとはしないからな。臆病者であることを誇りに思え、である。

自分はまだ、ささやかなサバイバル生活者だがさ、高齢になってから家事一切をやろうとしたのは意外でもナンでもなく、周りに病持ちが増えて、頼れなくなってきたから。なにせ60年以上も家事一切をしてこなかったから、そら大変だったが、少しずつできるようになったらケッコウ楽しいのだ。

しかし、こんな大変なことをよくまぁ人に任せてたのか～と思うと、ホント申し訳ない気分。家事仕事は結構なトレーニングとなってて、自分の中身から出るゴミ気分を、断捨離できてる気もするかな。しかししかし、イメージダウンはまぬがれない。

健康に気を遣い、暴れない泉谷しげるを誰がおもしろがるか。

なンか、人気らしきは以前よりグッとなくなったようだ。構うもんかである。

生身と違うからキャラが楽しめるのであって、自意識過剰にならない今の状態がもしかしてベストかもだ。

いろんな依存を捨てて、ライブパフォーマンスのための体力づくりをしたところ、すこぶるイイ演奏ができるようになった。

イイ演奏とは、酒もドラッグもやらず、シラフで自分の腕前に感動できることだと思う。

マスクした今の観客からの熱い拍手が、本当を実感させてくれてるのだ。

とにかく「体は老けても心は老けない」をモットーに、世界の果てにいようと、こんなキャラを使って、生きる情熱果てるまで生き抜いてやろうと思ってやがるのさ。

おあとがよろしいようで。

２０２２年12月　泉谷しげる

幻冬舎新書 678

キャラは自分で作る

どんな時代になっても生きるチカラを

二〇二三年一月二十日　第一刷発行

著者　泉谷しげる

発行人　見城　徹

編集人　小木田順子

編集者　菊地朱雅子

発行所　株式会社　幻冬舎

〒一五一―〇〇五一　東京都渋谷区千駄ヶ谷四―九―七

電話　〇三―五四一一―六二一一(編集)

〇三―五四一一―六二二二(営業)

公式HP　https://www.gentosha.co.jp/

ブックデザイン　鈴木成一デザイン室

印刷・製本所　中央精版印刷株式会社

GENTOSHA

ISBN978-4-344-98680-0 C0295

い-40-1

＊この本に関するご意見・ご感想は、左記アンケートフォームからお寄せください。

https://www.gentosha.co.jp/e/